JN099561

前川啓治 編著

フットパスでひらく
観光の新たな展開

あるく・まじわる・地域を創造する

ミネルヴァ書房

人生は旅ではない。旅が人生なのだ。経過がすべてであるが，始
まりと終わりがある。

「パス」とは動きの中で世界や他者と出逢い，経過を味わう小
道・小径のことである。
今日の旅（人生）は愉しかった。今日の旅（人生）は過酷だった。
今日の旅（人生）はわくわくした。その気になれば，パス・ツー
リズムは，多様な人生をも経験させてくれる。

目的地は要らない。パス（小道・小径）を歩くこと自体が君を創
る。あるのは目的ではない。過程だ。

動きの中に君はいる。自然の生み出す音は波だ。自然の創り出す
色も波だ。何も止まってなどいない。五感の経験が君を生み出す。
再生する。そして，空間のなかに「場所」を創り出す。再生され
た土地で，われわれの場所＝コモンズが姿を現す。

フットパスでひらく観光の新たな展開　**目　次**

序 章　歩く，創る

前川啓治

歩くことは……内面や身体性や風景や都市の豊かさが失われてゆくことに
抵抗するための防波堤を維持するひとつの手段だ。歩く者は誰もが言葉に
表現されないものに目を配る守り手なのだ。

（ソルニット2017：24，一部改訳）

1　背　　景

　「グローバル化」が進み，化石燃料や電気による動力で移動することが生活
の大半を占めてきた現代，歩くことが見直されてきて久しい。現在，イギリス
と日本で同時進行的に広がっている動きがある。それが「フットパス・ウォー
キング」や「フットパス・ランブリング」といわれるものである。この動きは，
イギリス，日本，各々における地域で，自生的に生まれ，徐々に広がっている。
歩くということにおいて，フィジカルな意味での運動であると同時に，緩やか
ではあるが，たしかに社会的な意味での運動ともいえるものである。
　20世紀末より顕在化してきた根本的な問題は，従来の大都市への人口集中の
結果としての，都市－地方間の格差にある。こうした地方村落の窮状を示す言
葉として「限界集落」という言葉がかつて注目を浴びた。それが昨今では政治
的なスローガンとして喧伝され，「限界集落」＝消滅を運命づけられた村とい
う決め付けという点で，必ずしも現況から将来を表わすのに妥当な概念でない
と指摘されている（小田切 2014：40-46）。そうした認識では，多くの地方村落

1

に未来はないということになってしまう。「限界集落」はそのようなメッセージを生み出す受け入れがたい概念ともされている。

　前世紀末から衰退するイメージに包まれていた地域社会のなかにあって，とくに農村地域のなかから，こうした状況に対して着実な地域再生の運動が展開されてきたことに着目したい。それらは，農・漁村共同体（場合によっては都市郊外）の，外部との交流によってもたらされてきたものであり，都市—農村交流，そして観光との関わりにおいて展開されてきたものである。

2　農村民泊

　現在，**オルターナティブツーリズム**ないし**サステナブルツーリズム**という語で語られる多様な形態の観光がある。いち早く**農村民泊**いわゆる**農泊**が1990年代から日本でも展開されてきた。とくに大分県安心院における農泊は，モデルとして早くから各地の行政機関が見学・視察に訪れるほどであった。この試みは，「限界集落」という言葉に刺激され，未来を案じた地域のアクターたちによって進められたものである。「都市・農村交流」という視点から地域再生と観光を同時に促進させるその手法は画期的であり，安心院のみならず全国各地で成果を挙げてきた。

　農泊は当初，農水省の**アグリツーリズム**の導入をきっかけとして，農学者や社会学者が，ドイツやオーストリア，フランスでの展開をモデル化し，そうしたアイデアを安心院にもたらしたものである。地元有志はそうしたアイデアをいち早く積極的に取り入れ，自分たちのものとして様々な工夫を施し，所属の流動性の緩やかな共同体である**アソシエーション**を形成していった。

　当時の安心院村は，行政としてそうした住民の試みを全面的にバックアップし，法的な緩和の方向性を積極的に模索しながら，こうした活動を支えていった。現在では，宇佐市，大分県といった，より大規模な単位で農泊旅行の受け入れが進められており，また修学旅行などの教育旅行において，主要な目的地としても認知されている。

　能登の春蘭の里などでは，より企業的な形態で農泊をすすめ，より個人主導

で農泊を進める一方で，行政がむしろ春蘭の里の農泊の展開を範型として連携
し，他の地域における農泊による観光地域づくりも促し，より広範な地域支援
のあり方を模索してきている。

　安心院の農泊は，とくに地域の人々による**もてなし**による人的交流の厚さが
成功の主因といえるが，これといった顕著な観光資源がない地域でも，観光地
域づくりが可能であることを「証明」した点で大きな意義がある。都市生活で
は人と人との交流が希薄化する一方で，農漁村は過疎化し，人口の希薄化が地
域経済を衰退させるという現象が，各地で進行している。こうした20世紀末以
降のジレンマを同時に解消する装置として，「農泊」は機能している。

　このように農泊は，省庁のイニシアティブや研究者のアイデアを住民がいち
早く取り取り，**自発性**を伴い展開してきた事例であり，また地域行政もこれを
後押しするという理想的な展開となった。その一方で，年々，担い手の高齢化
が問題ともなっている。また，農泊が，観光や地域づくりとしては**点**としての
展開とならざるをえない面もあり，より広く地域を巻き込むという課題にも面
している。

　しかし，安心院の農泊を推進する「安心院グリーンツーリズム協議会」はこ
うした現状に対し，後ろ向きではない。むしろ，単に一農村の農泊組織という
立場を超えて，日本における余暇と労働の関わりの現状を，日本固有の社会構
造の課題として取り上げ，国家レベルの，より普遍的な都市－地域問題の現実
的対応策を模索してきた。以前より訴えていたバカンス法の制定（2003年大分
県議会が「バカンス法制定」を求める意見書を採択し，安心院町町議会でもバ
カンス法の請願書が議決され，国に提出された）を目指し，2019年に「未来あ
る村　日本農泊連合」を結成した（「バカンス法の制定」「未来ある村　日本農泊連
合」NPO法人安心院町グリーツーリズム研究会HP参照）。リモートワークが一般的
になってきた現在，２週間ないし１か月の休暇の半分を，まずはリモートワー
クにシフトしながら，漸次夏休み中に２週間ないし１か月のバカンスを取ると
いうのは，決して非現実的な話ではない。日本人の世界観を変えさせる潜在性
をもつ提案であるといえよう。

3 オルターナティブツーリズムと再帰的近代

　近代のマスツーリズムからオルターナティブツーリズムへの移行が始まって
から久しいが，旅人の意識も，労働からの一時的解放，団体旅行の物見遊さん
から，自らの好みに焦点を充てた少人数の旅行へと移行している（コロナ禍は，
そうした小規模旅行の傾向をさらに推し進めることとなった）。たとえば，地
上波のみが普及していた頃は，国民的歌手，国民的料理，国民的スポーツと
いったものが民衆に受け入れられ，旅も同じ様相を呈していた。個々の旅の行
き先は異なっていても，その旅のあらすじは大手旅行代理店によって準備され，
旅行者はそれに従う。非日常を求めて，日常からしばし空間移動する旅。その
多くは雑誌やテレビなどメディアを通して，（時々の一元的な中心的価値観に
影響され生きる）われわれの日々の日常生活に対応していた。

　1980年代以降（とくに1990年代以降）は近代の一元的な価値観が多様化して，
「ポストモダン」の時代ともいわれてきた。多様であるということはすべての
価値が溶解してしまうという感覚に連動している。そこでは混沌とした空気が
漂い，社会が行く先を見失った時代でもあった。

　しかし，近代に特徴的な進歩史観に支えられていた時代が終焉したからと
いって，ただ価値観やライフスタイル，社会のあり方が「ポストモダン」にな
る訳ではない（と筆者も思ってきた）。むろん多様性自体に価値はあり，そう
した面にメリットがあるのは確かである。しかし，「多様性」という概念は，
単一の近代に対する批判とともに，社会の方向性が霧散してしまう不安定感を
増長してきた面があるともいえよう。

　ギデンズ，ベックら社会学者は，社会や個人の行為の相互的自己言及性・循
環性を前提とした**再帰的近代**という概念をいち早く唱えていた。ベックは現代
社会のリスクを考える際，システム自体がサブシステムとしてのフィードバッ
クを内蔵しているという意味でこの言葉を用いたが，ギデンズのそれは，近代
以降，人々は自らの行為とその行為の反響を常にモニターし，省みながら（再
帰的に）行為してゆくというものである（ベック・ギデンズ・ラッシュ 1997）。

　伝統社会は，規範によりモニターされるという一元的世界であったのに対し，近代は自己と社会が相互的で，個人あるいは社会における自らの行為がまた，個人あるいは社会における自らに影響を与え，自らを規定し，そのように期待された自らがまた行為し……という循環性を前提とする（ギデンズ 1993）。しかし，そうした再帰的循環を当然の前提として生きているのは，近代というよりその後の時代，つまり「ポストモダン」と言われてきた時代の方であろう。実際，近代社会は，伝統社会の身近な伝統とは異なる「国家」という抽象的な「伝統」を前提とし，「進歩」の観念に広く覆われ，単一的循環性に基づく社会であった。本格的な再帰性が，社会や個人に恒常的に多大な影響を発揮するのは，（そしてそれをわれわれが意識するのは，）近代に続く時代である。それが現代である。その意味でわれわれは，再帰的な現代，再帰的な循環の日々に生きているのである。

　こうした時代把握から，現代の旅は「再帰性」に見合った旅の時代に入っているということができよう。観光の対象地は単に見られる空間となるわけではない。むろん，そうした「まなざし」が観光空間を形成してきた面はあるが（アーリ 1995），観光客が観光地という空間を眺める対象とするだけでなく，今や観光客自体がそうした空間を自ら形成しながら，経験する時代を迎えているといえよう（アーリ／ラースン 2014）。観光地における自らの存在をも対象化し，地域との内的で身近なやり取りの繰り返しを伴いながら，マスの観光からパス（小径）の観光へと展開しているのである。

　日本観光文化研究所（現 旅の文化研究所）の初代所長であった民俗学者宮本常一は，旅において歩くことを，次のように述べている。

　　本物を見るということは，歩く以外にじつは方法のないものなんです。自分自身がその体験を持たないかぎり，じつはその本物はわかりようがないんです。そして見ることのなかに発見があるんです。そしてそれを見るということは，外側から見るだけではなくて，まず内から見るということが大事なことになってきます。　　　　　　　　　　　　（宮本 1986，2014：183）

5

宮本は，歩く旅を通して「本物」を見ようとし，歩くことの意味を喚起してきた。「人生は旅」という比喩があるが，すべての現代人が，「人生は旅である」という訳にはいかない。逆に「旅が人生」，つまり一つ一つの旅が，一つ一つの人生という捉え方もできるだろう。

　近代における「観光としての観光」というマスツーリズムから，現在，これまで旅行として位置付けられていなかった，遠隔地でのスポーツ観戦や医療のための移動など，旅の形態の多様化が進んでいる。再帰的近代における「旅としての観光」，さらにオルターナティブツーリズムへの移行という点では，シンプルに歩くことから始めるフットパスツーリズムは，そのエッセンスを示している。

4 フットパスによる観光地域づくり

　こうして農泊から少し遅れて始まり，民間のイニシアティブをもとに新たに展開されてきた体験・交流型の地域活性化，観光振興の運動が**フットパスツーリズム**なのである。これは農泊とは異なり，その活動の理念化過程において，イギリスでの展開を意識し，モデルにしている。

　現在，展開されているフットパスツーリズムでは，地域住民自らが時間をかけて魅力的なコースの設定を行い，ウォーキングマップや道標の設置を行い，ガイドウォークを定期的に実施し，要請に応じて適宜ガイドツアーが行われている。農泊以上に，住民の自発的イニシアティブによって進められてきた観光地域づくりの実践といえる。

　農泊やエコツーリズムは，いずれも成果を挙げている**サステナブルツーリズム**の主要な形態であるが，フットパスツーリズムの活動は，中央の省庁による当初のイニシアティブがあったわけではなく，担い手である住民のアクターとしての自発性が一層際立っている点が注目される。各地のフットパス協会は，地方自治体が当初から後押ししてきたものもあるが，ほとんどの地域で住民が当初から草の根で模索し，その原型とでもいうべきものが醸成されていったのである。そして，ある時から「フットパス」という語を用いて意識化し，地域

行政とともにそれをブランド化し，行政はさらに後押しするという関係が展開
されている。一般的には，行政も昨今は自ら地域活動をリードするより，住民
主体の活動を取り上げ，サポートする態勢となってきており，その意味でも時
代に適合しているといえる。

　1990年代に，東京郊外で里山もある町田市において，草の根から立ち上げた
フットパス・ウォーキングによる地域再生を目指した動き（多摩丘陵フットパ
ス、「みどりのゆび」）が生まれた（神谷 2014：23-34）。行政による推進もあり，
北海道の黒松内町をはじめとして，いち早くフットパスによる観光地域づくり
を始めていた山形県長井市や川西町，山梨県甲州市と連携し，2009年全国組織
である「日本フットパス協会」の設立に至った（唐澤 2014：50）。

　現在ではこうした地域における住民の取り組みは，全国各地にその拠点があ
る。勝沼フットパス（山梨県甲州市），奥尻島フットパス（北海道奥尻町），な
めがたフットパス（茨城県行方市），たじまフットパス（兵庫県北部・但馬地
域），鳥海山麓矢島フットパス（秋田県由利本荘市）など地域行政とともにイ
ニシアティブを発揮してきたものや，長井フットパス（山形県長井市）のよう
に，市の職員が町田市からアドバイスを得ながら着手し，退職後に本格的に地
域での取り組みを推進してきたという例もある。また，北海道や九州のフット
パスの多くが，住民のイニシアティブで作られてきたという点が重要であり，
たとえば「根室フットパス（北海道根室市）」「恵庭フットパス（北海道恵庭
市）」など，早くから地域行政に先立ち，フットパス設置の取り組みを進めて
きたところもある。

　各地のフットパスには個性があり，たとえば町田市には「フットパスを巡り
歩くことでその地域の魅力に触れ，地域のことを深く理解し，そのまちの魅力
や豊かさを将来に渡って守り，育ててゆく取り組みにつなげていきたいという
理念がある。単なる，まち歩き，里山歩きにとどまらないものである」（唐澤
2014：51）という点に，取り組みの姿勢が示されている。

　山形県長井市では，「フットパスは，自然，歴史や文化などの地域資源を活
用することにより，魅力ある観光資源として活用することができ，また，観光
振興，健康増進，自然保護，市民の想いの空間づくりのモチーフとして，最も

手軽に，多くの人たちから共感が得られ，今後さらに広がっていく」（浅野 2014：70-71）ものとしている。

北海道黒松内町は，「本町のフットパス活動は，点在する地域資源を結び付けるとともに，人と人との交流によってまちづくりの原動力となる人を育み，成長させる」（新川 2014：83）ものである。「景観や環境を保全するための条例を制定し，奨励制度を設けて住宅の色彩配慮や廃屋撤去などの修景整備にも取り組み，2008年3月には，景観行政団体となり，一層優れた農村景観づくり」を進めている（新川 2014：78）。

また，すでに観光地として名高い山梨県甲州市勝沼では，種々の観光資源を前提として，「自然や景観だけでなく，地域の歴史や産業，人情など，固有の風土文化を丸ごと体感してもらおうという…勝沼フットパスは，イギリスの直訳ではなく，おおいなる意訳をした勝沼流のフットパス」としている（三森 2014：59）。山梨県では，精進湖をはじめとした富士五湖地域のフットパスも展開して地域の魅力をつないでいる。

筆者は，第一次（2012-16），第二次（2017-21）つくば市観光基本計画の策定委員長として，フットパスを第一次基本計画の際の柱の一つとし，既存の宝篋山（ほうきょうざん）ウォーキングコース以外に，新たに五つのフットパスコースを整備した。

つくば市，とくに筑波山麓のように，大学教員や学生によるコミットメントも含め，様々な地域づくりの試みが広範に進められてきた地域では，自然景観はもとより，再生された古代の校倉や中世の城跡，再生された江戸・明治期の古民家，中世の石仏，特段に歴史の古い神社など種々の遺構，さらには昭和の街並み等があるが，これらをつなぐ意味でも活用されている。地域連携で行われる「秋祭り」の時期にはとくに，マップを片手に歩く姿もよくみられる。その意味では，勝沼のように地点連携型の側面もあるが，定期的なガイドツアーは行わず，地図と道標を頼りにいつでも歩くことができるルートとしており，イギリスのフットパスウォークに近い。（もっとも，筆者は大学の授業の一環としてのガイドウォークや不定期のガイドウォークを行っていたが。）

かつて一村一品運動を推進し，その後農泊を展開してきたのは大分県であるが，同様に熊本県も，独自の地域振興のアイデアを重視し，また熊本市はフェ

アトレード・タウンにも認定されている。2010年よりフットパスによる地域活性化に取り組み，2013年「美里フットパス協会」が設立されたが，県全域のフットパスコース整備による「ウォーキングツーリズムによる地域活性化」を視野に入れ，各地の組織づくりのサポートを行う態勢ができている。この動きは2014年に設立された「フットパスネットワーク九州」（FNQ = Footpath Network Kyushu）等の活動を通して九州全域に広がりつつある（濱田 2014：93-102）。さらに，2020年には「歩く文化を創造すること」を目的として，ウォーカーの（ための）団体からなる「WaW（ウォーカーズ・アー・ウェルカム）くまもとネットワーク」も結成され，フットパスや韓国版フットパスともいうべき「オルレ」，ロングトレイルの「九州自然歩道」など，多様なコースやルートが包括的に提示され，ウォーキング活動が連携する展開となっている。こうして（フットパス）ウォーキングによる地域活性化は，線から面へと新たな段階に入ってきているといえよう。

　また，1990年代後半より，イギリスへの啓蒙ツアーを通して，日本にイギリス流のウォーキングという慣行を，自然保護の運動に結び付けていち早くもたらし，「エコ・ネットワーク」を設立したのは小川巌である。フットパス・ウォーキングを「文科系」のウォーキングであると位置づけ，自然を学び，景観を視野に入れて歩くという展開は，既存の「体育会系」的ウォーキングに対して，歩くことによって自然を経験するだけでなく，自然を学び，自然を守ることを旨としている（小川 2011）。

　ウォーキングということでは，日本では〇〇キロウォークという設定が広く知られているのに対して，市村も指摘しているように，イギリスの「田舎のフットパスを歩きながら感じるのは，"自然"の保全だけでなく，"景観"の保全が極めて良好になされて」（市村 2000：128）おり，そうした場所を歩くことに意味があるのである。もちろんそうしたウォーキングを，「散歩」や「ハイキング」として個々に楽しむ人たちは以前から存在していたが，それらを一つの自然環境保護「運動」という点から進めてきた点も特筆されよう。（ハイキングは，日本では単なるレクリエーションとして理解されているが，「ハイキング」は，社会的にも身体的にも，工業化に対する対応のあり方であったとされ

ている（ソルニット 2017：273））。

　さらに特徴的なのは，コミュニケーションとしての側面である。実際，ある
程度の人数で歩いてみると分かるが，隣り合わせで，しかも歩きながら話すと
いうのは，私的なものから公的なものまで多様なトピックが意外に気楽に話せ
るのである。コースの途中で，地元の人の手に成る食事を味わうところや，縁
側カフェのような休憩所もあり，地元の人とのパス（小径）でのやりとりなど，
歩くことが広義の「コミュニケーション空間」を移動しているように感じてく
るものである。自然とのコミュニケーションを含め，環境とのコミュケーショ
ンや相互行為が生まれてくるのである。それはルート全体の流れのなかで個々
の対象となる，木々であったり，古民家であったり，果樹園であったり，製材
所であったり，畑であったり，田んぼであったり…そして，人であったり
する。

　「コミュニケーション」としてのウォーキングという点では，地図作製も重
要な役割を果たしている。

　　　　フットパスは「地図を手に入れた人が自分のペースで歩くことができる」
　　　　ということが基本です。コースさえ出来上がれば，ガイドツアーやイベン
　　　　トを行うことは容易にできる仕組みです。わたしたちがやることは，歩い
　　　　て気持ちの良いコースを見つけることと，関心をもってもらえるような地
　　　　図を作ることなんです。
　　　　　　　　　　　　　　　　　　　　　　　　　　　　　　（濱田 2014：97）

　フットパスマップの作成において，コースは常に「ベストビュー・スポッ
ト」を意識し，作成するようにこころがけなければならない。ベストビューと
いうのは，必ずしも一般的に綺麗とされているところには限らない。なんらか
の驚きや発見のある場所であればいい。いや，そうでなければならない。それ
は昔からその界隈を歩いてきた地元の人ならわかる場所であるが，改めてマッ
プ作成のために歩いて，「発見」することもある。ときには，外部出身者だか
らこそ見つけ出せる意外なスポットもある。こうして実際に歩き，また頭の中
で歩きながらコースマップを作成していくのである。そして，ああでもない，

こうでもないと種々の意見を出し合いながらコースを確定し, フットパスマップを作成していく作業自体が, 一つのコミュニケーション行為であり, 地域づくりそのものでもあるといえる。

　このようにして作成された地図を片手に歩くのであるが, 日本ではガイドウォーキングが頻繁に, 定期的に催されており, 歩く際の景観の発見やそれとのふれあい, および地元の人々や産品による積極的なもてなしをその特徴としている。この点はイギリスの「ウォーカーズ・アー・ウェルカム」(WaW: Walkers are Wellcome) を, より日本におけるウォーキングツーリズムに適する形で発展させており, 筆者が長らく提唱してきた「翻訳＝読み換え」的な「グローカリゼーション」の発展的形態ということができよう (前川 1994, 2004, 2023)。

　日本におけるこうしたもてなしを中心とした展開, すなわち「グローカライズ」した展開の側面は, 実際にイギリスのウォーカーズ・アー・ウェルカムの前会長や現会長も刺激を受けた経験と述べており, イギリスでもこうしたwelcome のあり方をさらに広げることを意識したい旨, 語っている (シンポジウム「歩くことは『国境』を超える――英日での展開と連携」2018年フットパスフォーラム, 於仙台大学)。

　フットパス先進地域である北海道は平地も開け, イギリスにやや近いというイメージのあるところである。空間状況を反映して, 短期間で多数のフットパスコースが各地につくられ, 活動が盛んな地域である。2003年「第1回全道フットパスの集い」を経て, 2012年「フットパス・ネットワーク北海道 (FNH)」が設立され, 「全道フットパスの集い」が毎年2回開かれている[1]。地域における展開が早かったのに応じて, 課題の顕在化も早く, ① 土地所有者との調整, ② トイレ, 休み処, ③ 推進組織, ④ 共通コースサイン, ⑤ 標識などの標準化が課題として挙げられている (小川 2014：88-89)。さらに, 現在ではほとんど歩かれないコースも見られ, ある意味淘汰を経て, その名に値するフットパスコースだけが生き残る状態となっている。

　また, 同じく先進地である町田でも, 住宅地を抜けてゆくコースなどが設置され, 小道ゆえの魅力があると同時に, 生活道路でもある場合は, オーバー

ユースや観光公害にならないような留意の必要性がある（唐澤 2014：51）という。

　フットパスによる観光地域づくりの展開には，種々の側面が見られる。サステナブルツアーとしての「フットパス的な観光」の理想形とは，「ありふれた景観の中にある光るもの，地域の人々のありふれたものでありながらも心に刺さる生活史，そして地場の，顔の見える人々により栽培された，旬の食材による温かみある「食べ物」などを楽しむ」ものであり，「それらの中には，その場所で出会う人とのつながりが何らかの形で包み込まれており，特別の意味を持つものとして享受されているものである」（第3章担当鈴木龍也による言及）。こうした点から，フットパスは農泊的な交流的側面も含みながら，景観を活かし，また景観とあいまった地域の人々とのリアルタイムの，自然な交流の時空を提供するものといえよう。さらに，ウォーキングをするために景観を整備する意識も当然生まれ，定期的にルート整備を行うようにもなっている。

　また，大学も，地域の住民と協働してフットパス・ルートを設置し，地域づくりを展開する**カレッジフットパス**が各地で展開されてきている。本書の執筆者らは，各地でのフットパス・ウォーキングについてのフィールドワークを行ってきたが，同時に，実践的に取り組みを始め行っている。そこでは問題解決型学習の手法や，文化人類学や教育学で用いられている「正統的周辺参加」（レイブとウェンガー 1993）の概念による，地域住民との協働過程が，年々着実に拡大展開されてきている（第1，4章参照）。

　さらに，カレッジフットパスの派生形態として，高校生によるフットパス活動も進められており，期待している。

5　フットパスツーリズムとウォーカーズ・アー・ウェルカム

　ジョアンとイザベルへ，

　先日はわれわれ一行の滞在中，いろいろとお世話になりました。
　一緒に歩き，話せて，とても素晴らしい「ひととき」を過ごせました。

今回，いろいろ案内していただき歩いた空間でも，クリー渓谷（Cree Valley）がとくに気に入りました。雨のせいで30分程でしたが，メリックの丘のパス（Merrick hill path）を歩いた後は，渡英後1週間ずっと悩まされていた「時差ボケ」がすっきりと治りました。あそこの空間は自然の「気」に満たされていますね。

　また訪れたいと思っています。今度は晴れたらいいのですが。

ケイジ・マエガワ

　　ケイジへ

　思いやりのあるメッセージをありがとう。ここでリラックスできてよかったですね。ガロウェイ（Galloway）は心身にとってもいいところだと思いますよ。私たちもあなた方の訪問で本当に楽しい時間を過ごせましたし，森林局のキースも，車椅子パスを真剣に視察に来たゲストを迎えることができて，大変よかったと言ってました。

ジョアン

　これは，2017年8月，執筆者たちのうち3人が，スコットランド南西部のニュートン・スチュワート（Newton Stewart）というウォーカーズ・アー・ウェルカム（WaW）タウンを訪れ，ウォーキング（ランブリング）した後のメールのやりとりである[(2)]。

　ウォーカーズ・アー・ウェルカム（WaW）タウンは，イングランド，ウェールズ，スコットランド各地に多数存在している（第2章参照）。イギリスはそもそも「ウォーカー」の数が桁違いに多く，ウォーキングが最も盛んな「スポーツ」に挙げられる国である。それには歴史的に特筆される経緯があるのだが，こうしたウォーカーを地域が歓迎し，地域を歩いてもらうことによって地域活性化を行おうという動きは，2000年代になって各地で見られるようになっていった。その意味では，イギリスの各地でウォーカーを歓迎する地域活性化の動きが，同時代的に出てきたといえる。

マンチェスターの北東部の小都市や村落は，かつて工業化（産業革命）の担い手となった労働者層の人口の多い地域であった。イギリスの「ウォーカーズ・アー・ウェルカム（WaW）」の最初の「アソシエーション」ができたのは，ヘブデン・ブリッジ（Hebden Bridge）という町である。そこに住むジャーナリストで，時につけ興味深い社会評論の論考を全国紙に寄稿しているアンドルー・ビビ（Andrew Bibi）が，「フェアトレード」の視点から，サステナブルな住民運動として，WaW（ウォーカーズ・アー・ウェルカム）を提唱したものである[3]。

　その後，「ウォーカーズ・アー・ウェルカム」（WaW: Walkers are Welcome）という組織が2000年代に各地で結成され，全国組織としては**WaW UK Network**が2007年に設立された。2017年の設立10周年の全国大会・集会には，筆者も参加した。

　先に，グローバリゼーションにはグローカリゼーションが伴うことにふれたが，もちろん情報のグローバル化による世界の同時代性によって，同時発現性も生み出してきている。日本でも，「日本フットパス協会」という名称でフットパス・ウォーカーの全国組織が1年違いで発足したことは既述の通りであり，2019年には10周年を迎えた。こうして，「歩くこと」を主眼とした観光地域づくりの全国組織が，日・英両国で同時期に設立されたことは，グローバルな「同時代性」を示すものといえよう。

　執筆者たちは，2018年宮城県柴田町での「全国フットパスの集い」（日本フットパス協会全国大会）で，WaW UK Networkの前会長や現会長とともに，「歩くことは国境を超える――英・日での展開と連携」と題するシンポジウムを開催し，各地の地域づくりの実践家多数に向けて，日英のフットパスについての発表と議論を行った。そこでWaW UK ネットワークの会長や理事から，ウォーカーズ・アー・ウェルカム UK の理念や発足経緯，構成，規則が語られたが，日本の組織との違いは，メンバーシップ，役員加入や指導に関する規則が明確に細かく文書化されていることであった。そこには，「歩くこと」に関する両国での歴史的経緯に伴う，意味合いの違いが反映されている（第2章，3章参照）。

6 歩くこと

　ここまで，ウォーキングによる観光地域づくりを主とした，社会活動＝運動の側面について述べてきたが，歩くという行為にはどういう意味があるのか，なぜ歩くという基本動作によって社会活動が成立するのか，さらに，そもそも歩くとはどういうことかを考えると，そこには意外な奥深い意味が見出せる。歩くことが人間の基本的動作であることはいうまでもないが，歩くことによって，最初は自ら構成したものとして保たれ，共存していた主観的な外観がすべて修正される感覚を抱く（Husserl 1981：250）。歩行とは，自己の身体を世界との関係において理解する経験である。それは空間における対象に内的に近づく方法であり，ソルニット（2017）やインゴルド（2014）によれば，「発話」に近い行為であり，唄うことであり，奏でることであるというのである。

　中世ヨーロッパでは，読書と（徒歩での）旅の類比は自明であった。修道士が読書する際には，唇を動かしつぶやくか，音読するのが普通だった。そして，行を読み進めることは，歩き進むことと同じ精神的持続を経験するものであった。さらに，黙読だけとは異なる読書は情感を刺激される行為だったのである。（ここから，巡礼における祈りと歩行は，まさに一体化した行為だったと想像すると興味深い）。

　ソルニットは「書くとは想像力の大地に新しい小径を刻み，あるいは，通い慣れた道で新しい発見を指し示すことなのだ。そして読むとは著者を導きにしてその地平を旅してゆくこと」（ソルニット 2017：121）と述べ，またインゴルドは「記憶の働きとは精神の表面に刻み込むことであり，それは著述家が紙の表面に記入し，旅人が自らの足で地球の表面に足跡を残すのと同じことである」（インゴルド 2014：40）と論じている。都市の歩行者を「都市の実践者」とするド・セルトーは，「歩きかたの技法にも文体［スタイル］と用法があり，その二つを組み合わせてできあがる。文体というのは…独自性をしめしている。用法［使用］というのは…規範をもとにしている」（ド・セルトー 1987：200）という。

インゴルドは，歩くことは「ライン＝線」を創ることなのだと語る。

　　歩くこと，観察すること，歌うこと，物語ること，描くこと，書くこと。
　　これらに共通しているのは何か？　それは，こうしたすべてが何らかのラ
　　インに沿って進行するということである。　　　　　（インゴルド 2014：17）

　歩くことは「線」を紡ぐ行為であるが，点と点をつなぐ輸送としての移動で
はない。「それと対照的に，徒歩旅行では，以前に通ったことのある道を誰か
と一緒に，あるいは誰かの足跡を追って辿り，進むにつれてその行程を組み立
て直す。この場合，旅行者は目的地に到着したときに初めて自分の経路を把握
したと言える」（インゴルド 2014：39-40）のである。
　このように，二通りのラインがある。インゴルド（2014）によれば，歩行に
よって作られるラインは力動的だが，一連の隣接する点を連結するラインは
「静態的なるものの典型」であり，後者は近代になって大規模に現出してきた
ものである。
　歩行という身体のリズムを伴った運動の軌跡と，点と点をつなぐ連結器の組
み立てが異なる原理に根差しているのは明らかである。そして，本来の自由な
ラインを生み出した運動が近代化に伴って消失してきており，地点ないし地点
の継起に矮小化されて，断片化してきたのである。
　「旅行において，目的地を目指す輸送が徒歩旅行にとって代わった。次に地
図作成において，路線図が手書きのスケッチにとって代わった。そして，テク
スト構造において，あらかじめ作られた筋書きが」物語ることにとって代わっ
ていった（インゴルド 2014：123，一部改訳）。
　徒歩による旅行は，動きそのものである。徒歩旅行者は旅するラインであり，
その軌跡が踏み跡（トレイル）である(4)。イヌイットの人々にとって，旅は
自然に適応して生きるため手段であり，小道・小径（パス）は活動が刻み込ま
れたルートに変容する。都市においてさえ，大通りを縫うように歩み，パスを
トレースすることはできる
　道の歴史は，「それに沿って進んだときにだけ語られる」（Young 2001：46）

16

のであるが，旅の道に沿って進むということは，世界を通って自らの道を糸のように伸ばすことであり，世界を自分のやり方で知覚することを意味する。

　「沿って歩く」ということはフリーハンドで描くことと同じである。ランブリングというものも，フリーハンドで描き，軌跡を残してゆく行為であるということができるであろう。それだけではない。現在，その方法論が見直されている，独創性豊かな人類学者ロイ・ワグナーによれば，オーストラリアの先住民で，ノマド（遊牧民）的な生活様式を保つアボリジニのワルビリ族では，「人生とはその人が記す足跡の総計であり，その人が刻み込む移動全体であり，地面に沿って辿られるものである」（Wagner 1986：21）とされている。かつて西洋において，書くことが，読むことを前提としてラインを生む行為だったように，ここには歩みと生とラインが生きることものである

　フットパスにおいて重要なのは，そのラインが，予め測って点と点をつなごうとするものではないということである。ラインはあくまで生の経験の軌跡である。そのことは，テーブルを囲んだフットパスコースの設定における，フットパスマップの作成においても確かめられる。全体を（外的に）俯瞰するのは最後の確認の段階であり，個々の場所の確定，コースの設定過程は，歩くことそのものともいえよう。「フリーハンドで歩いた」経験が反映されることによって，地図上のコースも作られていく。それは，自らが生まれ育った空間を内在的に見直すことにもつながる。こうして設定されたフットパスの個々のコースは，環境に対する知覚や五感による経験を欠いた，（外的視点に基づく）輸送のためのルートとは別の，能動的な経験を提供しうる仕掛けともいえるのである。

　総じて，古来の「歩き」が生活に直結し内在的なものであったのに対して，近代の移動は外在的なものであり，旅行もマスツーリズムによって外在的なものとなっていった。パッケージ化されたツアーの場合，一か所で遺跡をみて，また別の場所で自然を見て，すぐバスに乗り，あるところで買い物をしてという，点と点を結ぶ移動となる。ランブリングないしフットパスウォークは，それとは原理的に異なるものである。歩くということは，より本来的で，生きることに近い旅としての「動き」なのである。

われわれは通常，古来の人々やノマド的生活様式をもつ人々のように，日々そのように歩いたり，生きたりすることはない。しかし，旅人として歩くことは，日常性と非日常性が混在した本来的な運動としての経験をもたらしてくれる。外的に計画されて，非日常性をやや過剰に強調する近代的旅行にはない感覚がもたらされるのである。（そもそも，近代の観光の起源の一つに，産業革命期の労働者のレクリエーションが長距離化し，さらにその後宿泊を伴うようになっていったという経緯がある。）その意味でフットパスツーリズムは，画一的な「近代」ではない，「現代的」な遊牧民的生活様式に見合った観光であるともいえよう。（実際，南富良野のフットパス協会は，「ノマド」という名の付いた組織が核となっている。）

　とはいえ，フットパスツーリズムは，ただ単に多様化した（実質的には断片化した）ポストモダン的なライフスタイルに対応するものではない。その価値は，本来，生活の一部である「歩く」という運動を自然の景観のなかで内在的に経験，反復することにある。それは自然，景観，種々の構築物だけでなく，観光という「場」において出会うガイド，地元の人々，参加者，それらをすべて結ぶ行為であり，時々の一期一会の時空において相互のやりとりを経験するものである。（そして，それらをすべて通して成長することでもある。）そうしたフットパスツーリズムは，観光において出会うものすべてを自らのものとして，自らの関わりとして，愛でることとさえいえるかもしれない。

　繰り返すが，歩くこととは自由なラインを作ることであり，それが生きることである。そして，人生がそうであるように，歩くことによって一人一人，個々人が創るラインは様々に交差する。フットパスにおいて歩くことは，軽快に交わることなのである。

7　歩く権利

　イギリス発祥の「フットパスを歩く」という運動は，遥か昔から存在していた。しかし，そこには政治的な意味が伴っており，イギリス独自の政治経済的側面が直接反映している。「囲い込み」によってコモンズ（共有地）から労働

の場を奪われた大衆は，同時にそうした空間を通ることすら，以前のように自由ではなくなっていったのである（第2章参照）。

　こうしたなか，地主の権利とレクリエーションのための「コモンズ」としての利用権の裁判は，1665年にも遡り，たとえばレクリエーションとしてのダンスは，よき習慣として民衆の利用権が認められ，コモンズとして認知されたという歴史さえある（平松 2002：22-25。

　18世紀末から19世紀中葉に，イギリス各地を歩き巡った詩人がいた。ウィリアム・ワーズワースである。彼は，湖水地方に近いカンブリアで，やはり詩人で評論家のコールリッジの姪とよく野辺を歩いた。ある時それを地主に咎められた。その際には，古来から大衆が歩き続けてきたものとしての通行権を高らかに主張したことがあったという。「生粋」のウォーカーといわれていたワーズワースは，そうすることを義務とすら考えていたとのことである（ヒーニー 1980：66，68，2000：187-188）。

　18世紀の第二次囲い込みを通して，土地の所有意識が社会全体に強まってゆくなか，産業革命による工場労働者の都市への集住は都市環境を悪化させ，ひとびとは生存の必要から，レクリエーション（余暇）の一環として郊外や田園地域を歩こうとした。「観光」という形態が確立する以前の「歩行」は，生活に密着したものであり，今でいう生存権にも関わる側面があり，歴史的慣行として認められていたのである。それが時とともに地主の意向が反映するようになり，柵や，時には厳罰によって通行（権）も排除されるようになっていく。そして，所有権と通行権を巡る，地主と労働者や新興の実業家との対立が顕在化するようになっていった。

　　一八二四年にヨーク市郊外で〈旧歩道保護協会〉が創設され，一八二六年には同じ名称の組織がマンチェスターでも産声を上げた。こうした協会のうち，現在に残る最古のものは一八四五年に設立された〈スコットランド通行権協会〉で，さらに一八六五年設立の〈共有地・開放地・人道保全協会〉は現在でも〈オープンスペース・ソサエティ〉として活動している。ロンドン近郊のエッピング・フォレストをめぐる闘いの勝利

の立役者となったのはこの協会だった。　　　　　（ソルニット 2017：268）

　1858年にはこの森に柵が設置され，その森の木を切った労務者への厳罰に抗議して，5，6千人が森に立ち入る示威行動を行い，森での散策につながる権利を訴えた。その後19世紀後半には，森林散策クラブをはじめとした多数のウォーキング・クラブが設立されたのである。

　「通行」すなわち散策に対する地主と「庶民」との権利の保有を巡る対立が広がるなか，1932年に起きたキンダー・スカウト事件は歴史的転換点といえる。イングランド北部シェフィールド近郊のピーク地域の湿地帯の散策のための通行権を求めて，ウォーカーである運動家たちが禁止地域にデモンストレーションとして，組織的に不法侵入して逮捕された事件である[5]。そして，この裁判の結果が，さらにより多くのウォーキング・クラブのメンバーや公衆による一連の抗議につながっていった。

　今日，「ランブラーズ協会」としてイギリスで広く認知されている歩行者組織は，当時，「全国散策者協会連合会」としてこの運動を支えた。そして一連の裁判における交渉やその結果として，湿地の一部のアクセス権が認められた。このような「歩く権利」に関わる運動，紛争は当時すでに各地で起きており，道の公有地化・公道化を目指した「散策運動が，推定による公道の成立要件を二〇年とした『歩く権利法』を一九三二年に成立」（平松 1999：165）させたのである。

　このようにイギリスでは数百年にわたる長い交渉，闘いの経験をへて公衆が通行権を手にしたという歴史がある。ソルニットは「この通行権の考え方は，所有権のみを絶対視することなく，小径を土地境界と同じくらい重要な原則に据えるという，土地に対するひとつの別の見方を伝えて」おり，「イギリスにおけるウォーキングの愉しみには，たしかにこうした通行権の対象となっている道がつくりだす共生の感覚がある」（ソルニット 2017：23，一部改訳）と述べている。

　こうして，「歩くこと」は人間にとって基本的慣習行為でありながら，ただ身体的な「運動」というだけではなく，社会的，政治的，文化的な「運動」と

しても特別な意味を担ってきたのである。たとえば，ガンジーがインドの独立運動で行ったデモ行進も，すなわち歩くことだった。本国イギリスにおいても，植民地インドにおいても，実は「歩くこと」が政治・社会的な重要性を担っていたのである。

8　コモンズの生成

　歩くことが，イギリスでは通行権と関わり，政治的な運動として考えられてきた長い歴史があることを，前節で述べた。現在ではどうか。まさに WaW UK ネットワークが設立されたこの十余年で状況は変わってきている。通行権を巡って裁判が行われているケースもあるが，地主と歩行者の対立意識は全般的に軽減しているようである。融和的な地主もおり，また地域の WaW の組織の側も好意的な地主を探す努力も行い，WaW をベースにしたフットパス・ウォーキングが地主にとっても有益なことを地主にアピールして，協働してゆく機運もみられる。イギリスにおいては地主と歩行者の権利を巡る長きにわたる紛争という経緯から，現在でも対立のイメージをもって語られがちだが，実際にはフットパスに牧場を開放している牧場主も，以前から存在しているとのことである（2018年前述のシンポジウムにおけるサム・フィリップス WaW UK ネットワーク会長の言）。

　では，こうした歴史的経緯とその変化はどのように捉えられるのか，またどのような展望のもとに説明がされうるのか。次のソルニットの核心をつく言及をもとに考えてみよう。

　　道具が身体を拡張するように歩行は世界へ伸びてゆく。歩行の拡張が道をつくる。歩くために確保された場所はその追求のモニュメントであり，歩くことは世界のなかに居るだけでなく，世界をつくりだすひとつの方法なのだ。　　　　　　　　　　　　　　　　　　　　　　　（ソルニット　2017：53）

　まず地図から考えてみよう。地図は，近代になって作成されるようになった

21

ものである。すでに述べた通り，近代における輸送の必要からである。もう一つは，伊能忠敬の時代からそうであるが，領土を確定し，治世に用いるためであった。ちなみに，イギリスのフットパスが公に十全に認知されたのは2000年の「カントリーサイド・歩く権利法」によるが，その際，歩く権利に基づく権利通路・空間を「地図」で示すように規定されている。

　イギリスでは，一般に「オーディナンス・サーベイ」という国土地理院に相当する組織の地図が普及しており，そこに権利通路としての「公的フットパス」，「公的ブライドルウェイ（馬，そして人馬に留意して自転車も通行可の道）」，すべての乗り物が通行できる「バイウェイ（脇道）」，またそれとは区別される暫定的で制限付きの「バイウェイ」，一時的に通行許可されている「許可フットパス」と「許可ブライドルウェイ」が表示されている。こうした地図を作製する際には通常，詳細な調査とともに，住民参加による「公式協議」としての意見聴取が行われ，また環境団体からの意見聴取も行われる。このように地図にフットパスその他の権利道路を描くことによって，それらが可視化され，「通行権・アクセス権」が，公にわかりやすい形で示されることになったのである。

　イギリスでフットパスを歩く人は，まず町のインフォメーションセンターを訪れ，地元のフットパスが詳細に示されている地図を購入するところから始める。それらをまとめたものが「ブリテイン・ウォーキング」で，ときには擦れてぼろぼろになったその地図の冊子をもって歩くベテラン・ウォーカーに出会ったりする。地域毎の地図を折々購入する必要があるのは，自然の影響によってパスが変容したり，あるいは地権者の意志や都合などによって，ときにフットパス・コースが変更されたり，行き止まりになったりということがあるからである。

　平松（2002）が次のように指摘している。

　　なによりもフットパスは「生きている道」なのです。ですから，常にチェックする必要があります。「歩く権利」が認められるフットパスは，国家によって宣言されたナショナル・トレイルを含めて，消滅したり，作

られたり，変更されたりしているのです。　　　　　　　　（平松 2002：108）

　このように，フットパス・ルート自体が常に「**生成変化**」している側面があり，それは所有者の都合，ウォーカーたちの要請，自然の変容による境のずれなどによって左右されるものである。まさに，所有者と通行者との境界で流動的に「**生成されるコモンズ**」，すなわち共同使用（管理）地の側面を有しているのである。（法的には管理義務は地主にあるが，地域のフットパス維持ボランティア団体が整備をしているところも多い。）

　それだけではない。観光とコモンズは直接的な関連はなさそうに映るが，フットパスツーリズムは，地域住民同士が「協働」し，ウォーキングコースを「創造」し，さらに来訪者が地域住民とともにウォーキングによって種々の空間を通る（パスする）まさにその経験によって，見知らぬ空間を共同領域とすることから，固有の「共同」の**場所**が生成される。このことは，地域住民と訪問者により，新たな意味での**動態的なコモンズ**が生成されているものと積極的に捉えることができる。フットパス・コースの設置によって，歩く空間が次々とコモンズを生成するのである。通常の観光客のように名所・旧跡という「点と点」を交通機関で移動するのではなく，歩いて地域を移動することによって，その軌跡は**線化**し，さらに地域の人々とのリアルタイムでの交流によって**面化**し，まさに地域内外の人々が共同で，利用・管理する**生成的コモンズ**を形成してゆくといえよう。

　「里山（さとやま）」・「里海（さとうみ）」だけでなく，こうした里の路である「里路（さとみち）」も，かつては**ローカル・コモンズ**としての機能が果たされていた。（「赤道（あかみち）」と呼ばれる法定外公共道路である「里道（りどう）」とは別に，私有地内でも慣習的に用いられてきた道も含めて，一般概念として筆者は「里路（さとみち）」と呼びたい。）昨今では，コモンズは特定の成員権のあるメンバーに開かれているだけではなく，水や空気といった資源の存在を**グローバル・コモンズ**と捉える議論もある。里路としてのフットパスは，まさにメンバーが特定される**ローカル・コモンズ**と，不特定の**グローバル・コモンズ**の中間に位置して，それらを実践的に媒介するものといえよう。そして，フットパスの実践者が，一般住民との交流により「景観」資源

の管理も行い，道の保全も行うという点で，オストロム等のいう，持続的資源管理に必要とされる「対面的コミュニケーションの蓄積で生まれる信頼と互酬的関係」（Ostrom and Walker（eds.）2003）を維持しているといえよう。

　フットパスは法的に公道と認知されているパス（小道・小径）であるが，実際には私有地を通るフットパスもあり，実態は歩くことによって生成してゆくコモンズ，さらには通行権に基づいて生み出される**生成的ユニバーサル・コモンズ**とも位置づけられよう。新たなフットパスコースの設置という行為によって，そのフットパス空間がウォーカーにとっても，地元民にとっても，次々とある種のコモンズになるという点でも，**生成的コモンズ**といえよう。（フットパス先進地の北海道でフットパスコースが淘汰されてきたのは，この「コモンズ生成」という意識や感覚が失われたコースのことである。）

　このように，観光にコモンズが関わると考えられるようになったのは，フットパス・ウォーキングによる観光地域づくりの大きな成果といえるだろう。観光概念の変容をもたらす第一歩と位置づけられよう。ローカルであれ，ユニバーサルであれ，コモンズという視点から，観光に関連する事象を捉えることができるようになったのである。

　歩くことが，協働的な「コモンズという世界」の感覚を創り出すのである。

9　歩き，泊まり，食べる

　最後に，このように実効性の高いフットパスツーリズムによる観光地域づくりに，今後必要なものはなにかを考えてみたい。フットパス・ウォーキングのコースが増え，またロングトレイルのルートが充実するにしたがって，宿泊しながら歩く人びとが必然的に増加する[6]。こうした歩くことを旨とした人達が泊まるところはホステルでもいいが，自然を求めて歩くコースが多いことを考慮すると，農村，漁村で宿泊し，地元の人々と交流できるに越したことはない。

　そこで，以前から展開されてきた農泊・漁泊がその一つの可能性を提供するものとしてあげられよう。現在のところ，農泊の推進者は「歩くこと」を通常

24

の散歩と捉えており，コースの重要性やフットパス設置の必要性を理解しようという意識は薄い。一方フットパスツーリズムの推進者も，宿泊を観光地域づくりの主要な課題とまでは考えていない。しかし，中・長期的に考えれば，農泊とフットパスという二つの主要なサステナブルツーリズムの節合（合体・組み合わせ）は可能であろう。農泊も多くが小道にあるものであり，将来的にはフットパスツーリズムの主要な担い手として，新たな観光シーンを形作るものとなることを期待したい。農泊で有名な安心院においても，「松本イモリ谷」では，すでにそうした試みが進められている（「大分県は宇佐市安心院町の松本イモリ谷です」松本イモリ谷 HP）。

　「歩くと泊まる」の節合からさらに，「歩くと食べる」の節合を考えたい。イギリスでは，ウォーキングの後，パブで一杯ないし数杯というのはよくあるスタイルである。北海道などでは，フットパス・ウォーキングのねらいとして，「食」と「農」を結び付けることにターゲットをおいたものが最多とされている（小川 2014：86）。フットパス観光に節合しうる装置は何かと問うとき，それは食のコモンズではないだろうか。

　WaW（ウォーカーズ・アー・ウェルカム）UK Network の本部がある上述のヘブデン・ブリッジの隣に，トットモーデン（Todmorden）という町がある。ここで進められてきたのが，**インクレディブル・エディブル**（Incredible Edible）という試みである。これは，この町の二人の主婦が考え出した実践で，小規模ではあっても，誰もが町中どこにでもハーブや野菜の種子や苗を植えて，誰もがとって食べることができるという趣旨の住民運動である。

　WaW や日本のフットパス・ウォーキングによる観光地域活性化が，自発的な意思に基づく住民運動ならば，このインクレディブル・エディブルは，その自発性をさらに上回る住民主体のラディカルな運動ともいえる。そこでの「モノを通した人と人との関係性」は，モースの「贈与論」（1973）で示された「返礼の義務」というものをも止揚する「共有シェアリング」そのものであり，それは**ローカル・コモンズ**という視点によってはじめて捉えられるものである。資本主義的市場社会の先端であったイギリスから，そうした不特定多数の贈与行為が拡がり，それが地域再生につながっているということは，新たな歴史性

25

を生み出しているとも考えることができる。

　それが，主婦によるまさに軽快な取り組みによって実現してきたことは，従来の住民運動の形態の，さらに進んだ展開のあり方として興味深い。その「アナーキー」さ，つまり支配されない自由さは，ここではその本来的な意味（スコット 2017）で，実践的で協働的な「助け合い」としてのコミットメントにつながっており，それが公共性と結びついて，コモンズ性を顕現している。それはまた視覚的，触覚的，嗅覚的，味覚的アピールによって新たな「感覚─景観戦略」ともなっており，無限定の共有シェアリングという伝統性と，観光にも資する感覚─景観論という斬新さの両者の節合（組み合わせ）によって，世界各国から視察を含め，観光客の目的地ともなっている。

　最後に，フットパスツーリズムの着地型観光と発地型観光について。イギリスでは序で述べたように，従来からウォーカーの数が各段に多い。したがって，フットパスツーリズムは，ウォーカーズ・アー・ウェルカム（WaW）タウンの構築，すなわち着地型観光の展開と明確に捉えられている。なんとなれば，地域にとってのゲストであるウォーカーは，ウォーカー向けに特化した旅行会社が集客を行うからである。

　これに対して日本では状況が異なり，比較的近い地域間で発地送り込み組織（グループ）と着地受け入れ組織（グループ）が交互に入れ替わることが多い。また，発地に関しては，札幌の『エコ・ネットワーク』などを除けば組織化されておらず，個々のウォーカーの自発的な関心による参加が主となっている。

　したがって，発地送り込みと着地受け入れの連携が，今後ますます求められてこよう。恒常的ではなくとも，なにがしかの組織が個別に発地組織として，着地組織に受け入れを求めてくることも増えてゆくだろう。その際に，発地組織と着地組織を結び，媒介する第三の組織が全国規模で展開することもあるだろうか。

　カレッジフットパスも，地元の地域活性化の支援という点で，着地組織の形成を旨としているが，実際には発地組織としての意義も改めて意識してゆく必要がある。この点でもさらなる全国的な展開を期待したい。

注

(1)　小川巌は，北海道内最初のフットパス活動を，十勝管内新得町の「旧狩勝線を
　　楽しむ会（竹田英一会長）」としている（2018：110）。小川浩一郎は，「新得町で
　　竹田英一さんという方がペンションと羊牧場を営みながら一九九二，三年くらい
　　にフットパスを作っていました。一昨年にお亡くなりになりましたがこの方も
　　フットパスの生みの親と言っても過言ではないです。英国式のフットパスを初め
　　て日本で作られた方です」と述べている（2019：125）。

(2)　メンバー個々による訪問・調査を別にして，プロジェクト・チームはすでに三
　　度の渡英を重ねて，各地のウォーカーズ・アー・ウェルカム（WaW）タウンの
　　フィールド調査を行ってきた。

(3)　フェアトレード自体は現在，スターバックスなど大手の多国籍企業も認証され
　　ており，また現地生産者にとっては，あくまでローカル・オプションの一つとし
　　て捉えられているという現状もあり（箕曲 2014），現在はその用語を積極的には
　　用いてはいないが，いずれにせよオルタナティブ（代替的）な社会システムの構
　　築を旨としたものであることには違いない。

(4)　インゴルドによれば，物理的に見れば，歩行者は足裏全部を地につけることに
　　よって，連続する筋ではなく不連続な足跡を地面につけてはいるが，それは当然，
　　連続的な運動といえるものであろう。たとえ破線や点線であっても，一つのライ
　　ンを生み出す連続的な行為と考えられる。

(5)　この事件が該当し，また日本の里山でもそうであるが，近隣住民の慣習的権利
　　と地主の権利という点で衝突するのは，往々にして地主が替わった場合である。
　　ある種の「歴史的断裂」によって，各々の側に権利に対する意識のずれが生じ，
　　それが原因となって対立した例が過去にあった。

(6)　日本においても，すでに様々な魅力的なロングトレイルが設置されている。青
　　森県八戸と福島県相馬を結ぶ「みちのく潮風トレイル」は，環境省が計画し，地
　　域の官民連携で新たに整備された自然道で，三陸ジオパークや三陸復興国立公園
　　とも連携しており，注目されている。

参考・引用文献

浅野敏明（2014）「最上川とフットパスながい」神谷編『フットパスによるまちづく
　　り——地域の小径を楽しみながら歩く』水曜社。

ジョン・アーリ，加太宏邦訳（1995）『観光のまなざし——現代社会におけるレ
　　ジャーと旅行』法政大学出版局。

ジョン・アーリ／ヨーナス・ラースン，加太宏邦訳（2014）『増補改訂版　観光のま
　　なざし』法政大学出版局。

市村操一（2000）『誰も知らなかった英国流ウォーキングの秘密』山と渓谷社。

ティム・インゴルド，工藤晋訳（2014）『ラインズ──線の文化史』左右社。

小川巌（2011）『フットパスに魅せられて──私のフットパス遍歴』エコ・ネット
　　ワーク。

小川巌（2018）『歩くを楽しむフットパス──歴史，文化，自然，そして農と食を結
　　ぶ』エコ・ネットワーク。

小川浩一郎（2019）「北海道におけるフットパス活動」『歩く滞在交流型観光の新展
　　開』CATS 叢書第12号，北海道大学観光学高等研究センター。

小田切徳美（2014）『農山村は消滅しない』岩波新書。

神谷由紀子編（2014）『フットパスによるまちづくり─地域の小径を楽しみながら歩
　　く』文化とまちづくり叢書　水曜社。

唐澤祐一（2014）「町田市のフットパス」神谷編『フットパスによるまちづくり──
　　地域の小径を楽しみながら歩く』水曜社。

アンソニー・ギデンズ，松尾精文・小幡正敏訳（1993）『近代とはいかなる時代か？
　　──モダニティの帰結』而立書房。

木村宏（2019）「ロングトレイルと滞在交流型観光──体制づくりの現状と課題」『歩
　　く滞在交流型観光の新展開』CATS 叢書第12号，北海道大学観光学高等研究セン
　　ター。

公益財団法人日本交通公社編（2010）「特集 広がれ日本のフットパス」『観光文化』
　　199号。

公益財団法人北海道新聞野生生物基金（2002）「特集 歩く道の文化　英国生まれの
　　フットパスを北海道にも」『モーリー』7号。

公益財団法人北海道新聞野生生物基金（2005）「特集 北海道を歩こう！「フットパ
　　ス」の愉しみ」『モーリー』12号。

公益財団法人北海道新聞野生生物基金（2019）「特集 地域をつくる道しるべ　フット
　　パスの歩き方」『モーリー』54号。

新川雅幸（2014）「フットパスボランティアと自治体が協働で「フットパスによるま
　　ちづくり」」神谷編『フットパスによるまちづくり─地域の小径を楽しみながら
　　歩く』水曜社。

ジェームズ・スコット，清水展・日下 渉・中溝和弥訳（2017）『実践　日々のアナキ
　　ズム──世界に抗う土着の秩序の作り方』岩波書店。

ミシェル・ド・セルトー，山田登世子翻訳（1987）『日常的実践のポイエティーク』
　　国文社。

レベッカ・ソルニット，東辻賢治郎訳（2017）『ウォークス──歩くことの精神史』
　　左右社。

つくば市（2012）『遥かな過去から未来まで，体験する街つくば―時を想像／創造する観光空間の創出（観光基本計画）』。

寺村淳（2015）「地域づくりにおけるフットパスの有効性とコーディネーターの役割に関する研究――熊本県美里町の『美里式フットパス』を事例として」『農村計画学会誌』34巻論文特集号。

中島俊郎（2014）「ウォーキングの文化史――イギリス人はいかに歩き，何を生み出したか」『甲南大學紀要文学編』164巻。

濱田孝正（2014）「熊本県・美里町で始まったフットパス」神谷編『フットパスによるまちづくり――地域の小径を楽しみながら歩く』水曜社。

シェイマス・ヒーニー，室井光広・佐藤　亨訳（2000）『プリオキュペイションズ』国文社。

平松紘（1999）『イギリス緑の庶民物語：もうひとつの自然環境保全史』明石書店。

平松紘（2002）『ウォーキングの社会史　イギリス』明石書店。

ウルリッヒ・ベック／アンソニー・ギデンズ／スコット・ラッシュ，松尾精文・小幡正敏・叶堂隆三訳（1997）『再帰的近代化――近現代における政治，伝統，美的原理』而立書房。

前川啓治（1994）「文化と文明の連続性――翻訳的適応論序説」『比較文明』10号。

前川啓治（2004）『グローカリゼーションの人類学――国際文化・開発・移民』新曜社。

箕曲在弘（2014）『フェアトレードの人類学――ラオス南部ボーラヴェーン高原におけるコーヒー栽培農村の生活と協同組合』めこん。

三森哲也（2014）「ぶどうとワインのまちのフットパス――甲州市勝沼町」神谷編『フットパスによるまちづくり―地域の小径を楽しみながら歩く』水曜社。

宮田静一（2010）『しあわせ農泊――安心院グリーンツーリズム物語』西日本新聞社。

宮本常一（2014）「あるく・みる・きく・考える」『宮本常一講演選集 5　旅と観光　移動する民衆』，1986『宮本常一著作集31 旅にまなぶ』）未來社。

マルセル・モース（1973）「贈与論」『社会学と人類学　1』弘文堂。

マルセル・モース，森山工訳（2014）『贈与論　他二篇』岩波文庫。

山下祐介（2013）『限界集落の真実』筑摩書房。

アンドレ・ルロワ＝グーラン，荒木亨訳（1992）『身振りと言葉』新潮社。2012年，ちくま学芸文庫。

ジーン・レイブ／エティエンヌ・ウェンガー，佐伯胖訳（1993）『状況に埋め込まれた学習――正統的周辺参加』産業図書。

Husserl, E. (1981) "The World of the Living Present and the Constitution of the Surrounding World External to the Organism," in McCormick, P. and Elliston,

F.(eds.), *Shorter Works*, University of Notre Dame Press.

Ostrom, E. and Walker, J. (eds.) (2003) *Trust and Reciprocity: Interdisciplinary Lessons from Experimental Research*, Russell Sage Foundation, NY.

Samuels, R. (1996) *Theatres of Memory: Past and present in contemporary culture*, Verso.

The Ramblers' Association (2003) *The Walker's Companion*, Think Publishing.

Wagner, R. (1986) *Symbols that Stands for Themselves*, Chicago: University of Chicago Press.

Young, D. (2001) "The Life and death of cars: private vehicles on the Pitjantjara lands, South Australia," in D. Miller (ed.), *Car Cultures*, Oxford: Berg.

第1章　日本におけるフットパスの広がり

廣川祐司

1　フットパスとは何か

　近年，日本国内にも広がりつつある，英国発祥の「フットパス」という仕組みであるが，英国におけるフットパスとは異なる発展を遂げている。英国におけるフットパスは，その多くが「パブリック・フットパス（Public footpath）」と言われ，公共的な歩行専用道路である。産業革命以後，複数にわたる囲い込み政策（Enclosure）によって，それまで自由に通ることが許されていたコモンズ（共有地）などにも立ち入り制限がかかり，文化的にウォーキングを嗜好する市民（平松 2002）たちは，自由に歩き回り自然を享受することができないことに不満をもち，これらの土地への通行権を求めて運動を続けてきた。その成果は20世紀に入り結実することとなり，1932年には「歩く権利法（Rights of Way Act 1932）」が制定され，誰でも自由に私有地である牧草地，原野，山林などを歩けるようになった。その後，1949年制定の「国立公園アクセス法（The National Parks and Access to the Countryside Act 1949）」，1968年制定の「カントリーサイド法（The Countryside Act 1968）」，さらに2000年制定の「カントリーサイド・歩く権利法（The Countryside and Rights of Way Act 2000）」の制定など，「歩く権利」を行使できるエリアの拡大に至っている。つまり，英国において，フットパスとはフットパスとして国によって指定されている道であれば，例え私有地であろうとも，誰もが自由に侵入し歩くことのできる単な

る公共的な公衆用歩道という位置づけであるといえる。

　しかし，近年日本国内において広がりつつある「フットパス」は，英国のフットパスと大きく性質を異にする。日本において「フットパス」は，法制度的にも担保されていないもので，あくまでも「地域の中の生活空間を楽しみながら歩くことのできる道」という位置づけである。2009年に設立された日本フットパス協会の定義によると，フットパスとは「森林や田園地帯，古い街並みなど地域に昔からあるありのままの風景を楽しみながら歩くこと【Foot】ができる小径（こみち）【Path】」（日本フットパス協会ホームページ）とされている。日本におけるフットパスは，地域を歩きにやってくる人々の増加に伴って生じる地域への経済的・文化的・社会的なプラスの効果に魅力を感じた地域の方々が中心になってつくりあげた，日本独自の新たなレクリエーションであるといえる。これらをふまえ，本章では，日本におけるフットパスの特徴とその広がりの現代的意義について明らかにする。

2　日本におけるフットパスの現状

2.1. 日本への広がり

　日本におけるフットパスの広がりについて，2019年2月8日（土）に東京都町田市で開催された「日本フットパス協会設立10周年記念大会」で，「日本のフットパスの現況調査」の結果が報告された。本調査を行ったのは経済学者の泉留維であり，調査対象となるフットパスの調査地や調査団体については，日本フットパス協会がリストを作成し，対象団体等に対してメールで調査票を送付・回収を行うという調査方法（インターネット調査）[1]を採用している。調査実施期間は，2019（令和元）年9月18日から2020（令和2）年1月23日までの約4か月間であり，全国から135件の回答を得ている。調査対象は，日本国内におけるフットパスづくりに取り組む「団体の数」，国内のフットパス「コースの数」，フットパスに取り組み始めた「時期」，そしてフットパスコースの「距離」の4つとした。これらの調査結果から，以下のことがわかってきた。

　日本においては，英国のように国が定めるフットパスが存在するわけではない。そのため，各地域において「歩いて楽しい道」探しを行い，なおかつその道が「通ってよい道なのか」，「安全に歩ける道」なのか等を考慮したうえで，自分たちでフットパスコースを作り上げる必要がある。調査の結果，① 全国のコース総数は580本が設定されている。そしてその② 全国の総距離は4278.2kmにもおよぶ。フットパスのコースは，3時間以内に歩ける10km未満/本が多かったという。その内訳は，コース数が多かった都道府県は上位から，北海道が160コース（総距離1985km），熊本県が120コース（総距離629km），山梨県が45コース（総距離212km），兵庫県が42コース（総距離356km），東京都が35コース（総距離232km）である。「フットパス」に取り組み始めた時期の回答からわかったのは，2005年から2008年にかけて第一次普及期があり，さらに2010年から2016年にかけて第二次拡大期が生じている（図1-1）ことである。

　まず，第一次普及期は2005年頃から始まる。ちょうどこの時期は，フットパスを日本にも導入しようと先駆的取り組みを行っていた，北海道寿都郡黒松内町，山形県長井市，東京都町田市，山梨県甲州市のアクターが，日本フットパス協会の設立に向けて連携しようとする機運が高まりつつあった時期と重なる。その契機となったのが，2006年「全国フットパスシンポジウム in 長井市」で

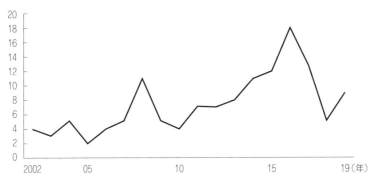

図 1-1　フットパス団体等によるフットパスの設置数の推移（n = 133）
出典：泉（2020）。

ある（坂本・廣川 2014）。2009年2月には，この3市1町が発起人となり，「フットパスの考え方や活動を全国に広めるとともに，各地で行われているフットパス活動を支援・連携することにより，活力に満ちた地域社会を実現するため」（日本フットパス協会ホームページ）の組織として「日本フットパス協会」が発足した。まさにこの2005年から2008年とは，フットパスづくりを牽引してきた先進地域である上記の3市1町を中心としたアクターが，日本フットパス協会の設立に向けて全国でフットパスの普及活動に努めてきた時期なのである。

　次に，日本においてフットパスが爆発的に広がった，2010年から2016年にかけての第二次拡大期についてである。この時期は，大きく2つのうねりが生じている。1つは熊本県下益城郡美里町が2011年度から地域内の各種団体との連携によってフットパスづくりが美里町全体としての取り組みが始まったことである。現在，熊本県が全国第2位のフットパスコースの数を有しているのは，この「美里フットパス」の立役者たちが県内にフットパスづくりのアドバイザーとして普及活動に積極的に関わったためである。2013年には美里フットパス協会が設立され，同年11月には「全国フットパスサミット in 美里2013」が美里町で行われたことによって「美里式フットパス」[2]という地域活性化のためのフットパスづくりの手法が全国的にも認知され始めたのである。もう1つのうねりが，北海道における「フットパスネットワーク北海道（FNH）」の設立である。FNH は2012年4月に設立された道内でフットパスづくりに取り組む各種団体のネットワーク組織であり，北海道各地のフットパスの情報発信や普及に取り組んでいる。カントリーコードやコースサインの統一化なども進め，北海道におけるフットパスの普及・啓発・フットパスコースの質の向上等がなされた。フットパスが道内に広まった契機は，2002年に札幌市で開催された（財）北海道新聞野生生物基金フォーラムである。本フォーラムは北海道新聞によって大々的に取り上げられたことにより，道内にフットパスが爆発的に広がった。北海道のフットパスはイギリスのパブリック・フットパスの特徴と類似し，未舗装路で放牧地や漁業地といった自然景観を活かしたものが多く，これまでの「観光地」といわれる地域以外で，集客を行うためのツールとして

フットパスを導入する地域が多かった。FNH は，2005年から2008年にかけて第一次普及期に道内でフットパスブームが生じ，粗悪なフットパスコースが散見されるようになったことから，正しいフットパスづくりを普及していくために，設立された道内のネットワーク組織である。フットパスの概念を正しく理解せず，単なるまち歩きルートや遊歩道，緑道などをそのままの形で名称変更し，フットパスと称するものがでてきた。これらはフットパスブームの恩恵にあやかろうとする行政や大手旅行系企業によることが多かった。その結果，行政や NPO や企業がつくったフットパスマップには，土地所有者との交渉に十分時間をとることなく，所有者の許可を得ずその地にフットパスコースが設定されていることがあった。そのため，土地所有者とフットパスづくりのアクターとの間で，係争が生じていることをマスコミでも大きく取り上げられた（2012年10月31日付『北海道新聞』朝刊）。北海道でフットパスづくりの指導的役割を担ってきたエコネットワーク代表の小川巌（2012）は「今後は（フットパスの）量的拡大から質的充実を目指す必要がある」（小川 2012：43）と指摘しており，北海道内に点在するフットパスをネットワーク化して相互連携によるフットパスコースの質的充実を図ることを目的に FNH が設立されたのである。この北海道の取り組みを参考に，九州においては，フットパスづくりを牽引する美里フットパス協会の主要メンバーが中心となって，「フットパスネットワーク九州（FNQ）」を2014年4月に設立した。つまり，2010年から2016年にかけての第二次拡大期は，特にこの北海道と熊本を中心とした九州におけるフットパスのネットワーク化によるフットパスの広がりが顕著であったといえる。

　この泉（2020）による本調査の対象としたフットパスは，2019（令和元）年12月時点で以下の2つの要素を満たしているもののみである。(1)原則として，名称に「フットパス」という文言が入っているもの。(2)日本フットパス協会が記している「フットパス」の説明，つまり「森林や田園地帯，古い街並みなど地域に昔からあるありのままの風景を楽しみながら歩くこと【Foot】ができる小径（こみち）【Path】」に当てはまるもの。本調査で一つの課題となったのが，この日本におけるフットパスの「定義」についてである。どのような条件

を満たしたものを「フットパス」として，調査対象とするのかが調査の精度を高める上で非常に重要なカギとなる。そのため，日本フットパス協会の定めるフットパスの定義に準じたものに「フットパス」を絞ったが，もちろんその定義によっては，日本のフットパスのコース総数や総距離等は大きく変動することに注意が必要である。

2.2. フットパスネットワーク九州（FNQ）によるフットパス人材の育成事業

　本項では，フットパスネットワーク九州（FNQ）が，2014年8月から実施した「フットパス大学」という，フットパスづくりに携わる人材の育成事業について取り上げたい。日本においてフットパスづくりが広がる2010年から2016年にかけての「第二次拡大期」を牽引してきたのは，「美里フットパス協会」のメンバーを中心として設立されたフットパスネットワーク九州（FNQ）であることは間違いないであろう。その中心的な事業の一つが，FNQ主催のフットパス大学である。

表1-1　FNQ主催フットパス大学

日　付		回	認定数	会　場
2014	8/20-21	第1回	19名	熊本県美里町
2014	11/29-30	第2回	9名	熊本県美里町
2015	6/13-14	第3回	25名	佐賀県佐賀市
2016	2/23-24	第4回	34名	熊本県美里町
2016	7/23-24	第5回	30名	福岡県中間市
2016	8/22-23	第6回	21名	北海道釧路市
2016	10/29-30	第7回	15名	熊本県天草市牛深町
2016	11/26-27	第8回	10名	熊本県山江村
2017	1/28-29	第9回	3名	佐賀県吉野ヶ里町
2017	7/22-23	第10回	15名	鹿児島県伊佐市
2018	8/18-19	第11回	11名	佐賀県伊万里市
2019	2/2-3	第12回	29名	福岡県築上町
2019	2/16-17	第13回	31名	大分県臼杵市
2019	3/2-3	第14回	8名	熊本県芦北町
2019	12/7-8	第15回	19名	熊本県美里町
2022	7/2-3	第16回	42名	熊本県美里町
		合　計	321名	

　2023年現在，計16回のフットパス大学が実施されている（表1-1）。開催場所の内訳は，熊本県8回，佐賀県3回，福岡県2回，鹿児島県1回，大分県1回，北海道1回である。受講生は，その講座を全課程修了することによって「フットパスリーダー」という資格を得ることができる。本講座は1泊2日の日程で行われ，1日目は座学を中心に6時間程度の講義を受講し，フットパスの正しい理解や，具体的なフットパスづくりの手法などを理論的に学ぶ（写真1-1）。2日目は，実習として現地調査を行う。4～5名でグループをつくり，開催地の地域に出て自分たちで地域を歩き回り，フットパスコースを考え提案するというプログラムである（写真1-2）。フットパス大学の修了者でフットパスリーダーの資格取得者は，321名（内，大学生・大学院生が144名）にも及ぶ。フットパスリーダーの有資格者が，各地域でフットパスづくりの説明会や活動を行えば，その地域はFNQの公式なフットパスづくりがなされている地域として「フットパスコースの質保証」がなされているということである。

　日本においてフットパスづくりの活動を行うためには，土地所有者や地域住民からの理解を得る必要がある。フットパスリーダーは地域で活動を続けつつ，フットパスづくりに対する地域の方々からの理解を得るための方法や魅力的なフットパスコースとするための工夫を身につけ，地域を歩いて楽しむ方法の伝道師として各地域で活躍している。近年，九州でフットパスづくりが活性化しているのは，このフットパス大学の修了生の増加によるものであるといえる。

写真 1-1　フットパス大学の講義

写真 1-2　フットパス大学の実習

2.3. 日本においてフットパスが広がる理由：旅行者のニーズの変化

　近年，全国的にここまでフットパスが広がっている理由は，日本において「歩く」という行為が再評価され始めていることに起因するのであろう。元来，「歩く」ことは，移動手段の一つとして認識されていたが，近年ではレクリエーションとしての役割に注目が集まっている。笹川スポーツ財団によれば，2002年，週に1回以上，散歩（ぶらぶら歩き）・ウォーキングをする人の割合である実施率は調査開始年の1996年時点では13.6％（推計1,306万人）であったが，2016年には実施率が32.5％（同3,376万人）にまで増加し，この20年間で倍増している。これは私たちのライフスタイルの一部として，散歩・ウォーキングが広く普及・定着してきた様子がうかがえる（表1-2）としている。

　これは健康志向の高まりのため健康維持・改善のために散歩・ウォーキングに日常的に取り組むようになったという理由とともに，まちを楽しむためのレクリエーションとして「歩く」人たちが増加しているという影響もある。近年では，テレビ番組でも著名な芸能人がまちをぶらぶら歩き，まちの日常的な風景や出会い（交流）を楽しむものも増えてきている。一例を挙げると，まちの中の日常的な風景や意匠を専門家の解説を受けつつ，まちの新たな魅力を発見する番組がある。この「まちを歩く」楽しみは，「まちの面白い所を"自ら"発見する」という点である。観光地的な旧所名跡を見て回ることや，観光ガイドさんの案内のもと用意されたものを見て回るというような，これまでの一般的

表1-2　週1回以上の「散歩・ウォーキング」実施率と
推計人口の推移（1996～2016年）

調査年	1996	1998	2000	2002	2004	2006
実施率（％）	13.6	19	24.4	27.7	32.9	30.6
推計人口（万人）	1,306	1,859	2,426	2,788	3,347	3,141

調査年	2008	2010	2012	2014	2016
実施率（％）	31.7	36.1	34.9	34.9	32.5
推計人口（万人）	3,277	3,748	3,629	3,623	3,376

注：推計人口：各年の住民基本台帳人口に実施率を乗じて算出している。
出典：笹川スポーツ財団「スポーツライフに関する調査報告書」
　　　（1996～2016）より作成。

な観光スタイルとは異なる新たな「まちの楽しみ方」である。同行する専門家
は、あくまでも訪問者（ゲスト）の人たちが気になったことに対しての解説者
であり、ガイド役ではない。また、まちの中を歩き回り地域の日常を感じると
ともに、住民との出会いや交流を楽しむようなテレビ番組もある。まちの方に
声をかけ、そのお宅にお邪魔して話し込んだり、そのまちのリアルな日常の面
白さを感じたりすることができるような構成になっている。このように地域の
住民と訪問者（ゲスト）が直接交流することによって、地域の魅力を再発見す
るような新たな観光の形も生まれてきている。

　「じゃらんリサーチセンター」の調査によると、「従来のいわゆる『観光』を
目的とした旅行者とは違う志向性を感じさせる」旅行者層が表れていると指摘
している（じゃらんリサーチセンター 2013）。現在の旅行者の旅への意識を探る
ため、旅行の際に「意識したこと」「実施したこと」を尋ね、その回答を因子
分析した結果、5つのクラスターに分けられたという。その中でこれまでの
「観光」客とは異なるニーズについて、以下のような分析をしている。特に20
歳代〜30歳代前半の男性には、「地域志向性」が強く表れている。この分析を
もとに「新たな旅行者獲得に向けて受け地域側でできること」として、「どこ
でなら地元の人と交流ができるのか、何をすれば地域のためになるのかをマ
ニュアル的に配布をするなど、情報提供するのも一つの方法かもしれない」と
紹介している（前掲：21）。また、今回の調査を通して、わかってきた「新しい
旅行者層」の特徴として、「地域の人が介在した情報や、体験に価値を感じる
消費者が増えているということ。観光資源は『地域の人』が握っているといえ
そうだ」（前掲：23）との指摘もある。つまりは、現在増えつつある「新しい旅
行者層」は、地域の人たちと直接接点をもち、その人たちからリアルな日常を
自分の五感で感じたいと思っている人々であるといえる。その際、地域の人た
ちとの接点を生み出すためのツールとして、地域のありのままを歩き回りなが
ら交流するという仕組みであるフットパスは、非常に魅力的に映るのである。

3 日本におけるフットパスの特徴と効果

3.1. 日本におけるフットパスの特徴

　日本においては，英国のように国によって定められたフットパスもなく，また法的に「歩く権利」なども保障されているわけでもない。そのため，日本型フットパスは「地域活性化」のためのツールとして取り組まれ，まずは「フットパスづくり」から取り組まなければならない状態である。全国的にフットパスづくりに取り組む地域が増えてきている理由として，フットパスづくりには多額の費用がかからないという大きなメリットがあるためだ。そのため，地域の住民の任意グループや自治会などの地縁団体など小規模な地域団体が中心となることが多い。地域内の小規模なグループがその他の地域住民を巻き込みながらフットパスづくりの仲間を増やしていくことで，活動の規模が拡大していくのである。このような動きは，地域のありのままを訪問者（ゲスト）に見せることによって，交流が生まれ，魅力ある地域資源の再発見や地域文化の再評価を促進させる効果がある（濱田 2015；宮崎・麻生 2004）。フットパスづくりの活動を行っていく中で，自分たちがまずは地域の潜在的な魅力に気づき，活動者自身のシビックプライドが高まっていくという効果（伊藤 2018）も生じさせる。その結果，自分たちの文化，歴史，自然環境，食，まちなみなどを外部の訪問者（ゲスト）たちに伝えたいという欲求をもつようになり，地域内の生活道路を訪問者（ゲスト）に開放することによって，訪問者との日常的な接点をもつようになる。農作業や草刈りや川掃除などの集落内の役務（共同作業），地域の食文化である日常食などについて，外部から好評価を得ることによって，地域住民はより積極的にフットパスづくりに取り組むようになる傾向がある（寺村 2015）。そのようなフットパスづくりの過程で，地域活性化に向けた好循環が生まれ，地域主導での「歩く観光まちづくり」モデルとして全国的に広がりつつある（廣川 2014a）。

　ここでは FNQ を中心に九州中に広がっている，「美里式フットパス」の「フットパスづくり」の特徴を例示したいと思う。1つ目は，地域の生活空間

は「地域住民のものである」との認識のもと，地域住民が主体になってフット
パスコースを設定していること。2つ目は訪問者（ゲスト）が地域を主体的に
楽しむことができる仕組みであること。そして3つ目が，地域住民との交流を
促す仕組みであることである。

　1つ目の「フットパスづくり」を地域住民が主体となって行う，という点に
関して言えば，日本の社会においては集落内の生活用道路（小径）は，地域コ
ミュニティが共同で草刈りなどの管理をしてきている歴史的背景がある。法的
には，道路法の適応を受けない地盤官有の道路は，法定外公共物とされており
「里道」と呼ばれる[3]。このような里道は，多くの場合，地域コミュニティ
（集落）によって維持・管理されており，そのような道を外部の訪問者（ゲス
ト）がレクリエーションとして自由に集落内の里道を歩き回ることに対しては
地域からの反発を受ける可能性が高い。法的には，行政財産としての位置づけ
がなされているにもかかわらず，実態としては，地域コミュニティの管理下に
あるため，その道を日常的に維持・管理している地域住民たちと共にフットパ
スコースを作り上げる必要がある。旅行者は地域の人々との接点をもち，直接，
ありのままの地域を感じたいという新たなニーズが増えつつあることは，前述
した。しかし，そのような接点を生み出すためには，訪問者（ゲスト）が住民
の生活空間の中に入り込む必要がある。その際，地域側との衝突を生じさせな
いためにも，フットパスづくりの際には地域の十分な理解を得ていく必要があ
り，地域の方と共にどれほど地域の日常に入り込んでいるフットパスコースを
作り出せるかが，魅力的なフットパスとなりうるかどうかの成否を分かつポイ
ントであるといえる。

　2つ目のフットパスづくりの特徴として，「訪問者（ゲスト）が地域を主体
的に楽しむことができる仕組み」であるという点が挙げられる。これまでの
「観光」では，旅行会社や観光協会が用意した旅行パックを受け身的に体験す
るものが多かったのではないだろうか。訪問者（ゲスト）側のニーズを旅行商
品の開発側がくみ取り，そのニーズを満たすことができるように，体験メ
ニューを作り出すのである。地域での体験メニューの開発やイベントへの地域
住民の協力要請は，地域側（ホスト）に負担のみを強いることが多く，長続き

しないことが多い（図1-2）。一方，フットパスは「地域のありのままを体験できる」ということが魅力であり，訪問者（ゲスト）に保証しているのは，「地域の生活空間を安全に楽しく歩くことができます」という事のみである。日本の伝統的な地域コミュニティにおいては，里道をはじめ集落の管理道路は住民向けに維持・管理されているため，それを外部の人に開放して楽しんでもらうという発想はない。しかし，フットパスコース上であれば，いつでも，誰でも，自由に歩いてよいという保証がある。本来，地域住民しか歩くことができなかった地域の生活道路を，外部からの訪問者（ゲスト）にも「歩いてもよい」と宣言しているだけなのである。訪問者（ゲスト）が来るからといって，地域として特別なことをすることは，ありのままのその地域の生活を感じてもらう上で非常に不都合なことになる。地域側にとってもフットパスコースを設定しておく利点はあり，新たな観光客のニーズが高まってきている以上，集落内を好き勝手に歩き回られて，地域内を荒らされては迷惑となる。そのため，地域側として，ここの道なら通っていいという意思表示をしておくことで，訪問者側のニーズを満たしつつ，地域側との衝突もなく共存がはかられるのである。

　また3つ目の特徴として，地域住民との交流を促す仕組みとなっているという点が挙げられる。フットパスを歩いていると，多くの地域住民に「フットパスですか」「どこからお越しになったのですか」と声をかけられることが多い。訪問者（ゲスト）には，地域の人から声をかけられたことによって，歓迎されているという良い印象を与える効果がある。しかし，一方で地域側（ホスト）としては，この声掛けは不審者対策の一環で行っている行為なのである。生活空間を外部者が歩くことによるデメリットは，不審者の流入や窃盗などの犯罪行為が起こりうるのではないかという懸念である。したがって，九州におけるフットパスの先進地域でもある熊本県美里町のように日本型フットパスが定着している地域においては，住民たちの方から積極的に声かけをし，「歩きに来た」「フットパスにきた」という訪問者に対しては，会話が続き，そうではない人は不審者として「フットパスの管理・推進団体」や「地元警察」に通報するようになっている。日本型フットパスが定着している地域では，このように住民側から積極的に声をかけてもらえることが多く，そのような接点が訪問者

の満足度を上げ，地域に対する印象を良くする効果もある。このように「フットパスづくり」をする「仕組みをつくる側」の人々は地域の人達に対して，「自分たちの生活空間を守るために」歩きに来る人に自ら積極的に声掛けをし，交流を図ってくださいということを何度も伝えるのである（図1-3）。

図1-2　失敗する仕掛け方

図1-3　成功する仕掛け方

3.2. フットパスづくりにおける効果

　日本型フットパスにおける効果としては，「フットパスづくり」に取り組む過程において，すでにその効果は生じており，①文化的景観の再評価（潜在的な魅力ある地域資源の発掘）や，②フットパスづくりに取り組む地域住民のシビックプライドの向上が挙げられる。さらに，外部からの訪問者（ゲスト）との交流によって，外部からの高評価を直接受けることで，自分たちの日々の日常生活で取り組んでいる活動（地域での共同作業や地域の食文化）が評価され，自己肯定感が高まってくるという効果もある。さらに，この①と②の効果を活かして，地域の次世代の若者たちに地域理解を促進させるための教育ツールとして「フットパスづくり」を導入する教育機関も増えてきている。本項では，それを③「フットパスの教育的効果」として取り上げる。そして最後に，④歩くことによる直接的な効果として，少額ながら継続した経済的効果も生まれてくる点に注目したい。

　まず，日本において，フットパスづくりに取り組む地域側の方々が，フットパスづくりに取り組む理由の一つとして，最も期待している④「フットパスの経済的効果」について，説明していきたい。信金中央金庫総合研究所（2007）によると，「３時間以上滞在すると，3000円以上の消費をする観光客が80％程度になるため，滞在時間を延長させる際の目標として，３時間以上にすることがひとつの目安となろう。他の地域での調査でも平均滞在時間が２〜３時間では平均消費額が3000円程度だが，３時間以上に延びると7000円と倍以上になる」（信金中央金庫総合研究所 2007：4）とする調査結果も出ている（図1-4）。歩くという行為は，必然的にその地域への滞在時間を延ばす効果もあり，また，身体的な活動であるため，歩くとのどが乾き，空腹にもなることから，その地域での消費を促すことにもなる。より効果的な経済行動を促すための地域側（ホスト側）の工夫として，フットパスイベントを開催する際は，午前中に始め午後の早い時間帯に終了し，買い物や温泉，食事を地域内で楽しんでもらったり，イベント自体を夕暮れフットパスや星空観察をセットにした「フットパス×宙ツーリズム」などの企画によって宿泊を前提としたフットパスイベントを実施したりする工夫もみられる。

44

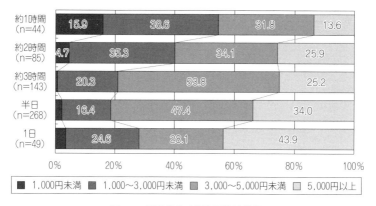

図1-4　平均滞在時間と平均消費額

出典：信金中央金庫総合研究所（2007）。

　次に① 文化的景観の再評価や② 地域住民のシビックプライドの向上につい
てである。文化的景観とは，文化財保護法に規定があり「地域における人々の
生活又は生業及び当該地域の風土により形成された景観地で我が国民の生活又
は生業の理解のため欠くことのできないもの」（文化財保護法第2条第1項第五
号）と規定されている。文化庁の解説ページの冒頭には，以下のような記述が
ある。「文化的景観は，日々の生活に根ざした身近な景観であるため，日頃そ
の価値にはなかなか気付きにくいものです」（文化庁ホームページ「1．文化的景
観とは」より）。つまり，フットパスを歩く中で人々を魅了する，棚田はじめと
する里山の景色や茅場等の草原の景色など，日々，地域住民が生活を送る上で
自然に働きかけ人為的に作られた美しい景観が文化的景観といえ，その価値は
なかなか地域住民には認識されづらいという特徴を有するという。このフット
パスが地域社会に与える効果としては，日頃「あたりまえ」とされてきた地域
の文化的景観をまずは地域住民が自らコースづくりの中で発掘することで，文
化的景観の価値を再認識する。そして，外部者（ゲスト）から高い評価を得る
ことによって，さらに地域へのシビックプライド（地域への自信と愛着）が醸
成されていくという効果がある。伊藤（2018）の論考に照らし合わせると，
フットパスづくりは，主体的に良好な地域資源を自ら発掘し，外部者に歩いて
欲しい道として推奨する行為と考えられ，地域住民の協働による主体的な取り

組みであり当事者意識を向上させることによって，シビックプライドの醸成に寄与するということができるであろう。

　これらの効果を，次世代の若者たちへの地域理解を促すための教育としてフットパスを取り入れているのが，③「フットパスの教育的効果」である。先に挙げた熊本県美里町では，地元の小学生にフットパスコースのガイドを経験させる取り組みをしている。また，著者が近年力を入れているのが，高校教育における教育ツールとしての「フットパス」の導入である。高校教育は2014年12月に示された政府の諮問機関である中央教育審議会の答申「新しい時代にふさわしい高大接続の実現に向けた高等学校教育，大学教育，大学入学者選抜の一体的改革について～すべての若者が夢や目標を芽吹かせ，未来に花開かせるために～（答申）」（高大接続答申）を受けて，2017年度に改訂された高校の学習指導要領に「総合的な探究の時間（探究学習）」が導入された。その探究学習のツールとして「地域から学ぶ」という事を念頭に実際に高校生が地域に出て，フットパスづくりに取り組むことによって，地域理解，そして地域課題の発見・解決策の模索につなげようという試みである。このような高校教育の変化は，これからの社会で生きていくために必要とされる「学力の三要素」を育み知識の理解の質をさらに高め，確かな学力の修得を目指すことであった。「学力の三要素」とは，① 知識及び技能，② 思考力，判断力，表現力等，③ 学びに向かう力，人間性等の3つの柱によって形成されるものであると定義され，これまでの「学力」＝「知識量」であると認識されていた概念が広く拡張されるようになったのである。日本におけるフットパスの効果として特徴的なのは，このフットパスの教育的効果を意識し，次世代の若者たちがフットパスに取り組んでいる点にある（写真1-3）。

　日本におけるフットパスは，発祥地の英国とは異なる発展を遂げてきており，どちらかというと英国においては，フットパスを活用して地域活性化を目指す活動である「Walkers are Welcome（WaW）」運動との類似点の方が多い。2018年11月10日に熊本県美里町で開催された「WaW くまもと国際シンポジウム～英国に学ぶ　歩く人を歓迎するまちづくり～」において，英国 Walkers are Welcome UK Network 会長のサミュエル・エリック・フィリップス

(Samuel Eric Phillips) 氏（以下，サム氏）は，「英国の WaW の活動も運営側・参加者ともに高齢化してきており，若者たちをどうしたらフットパスの活動に巻き込んでいけるのかが一つの課題である」（WaW くまもと国際シンポジウム報告書より）との言及があった。つまり，日英の共通の課題としてフットパス愛好家の高齢化と若年

写真 1-3　フットパスによる地域理解の実践

層に興味を持たせるための戦略の欠如という点が挙げられる。　一方で，リム氏はこの国際シンポジウムの参加者を見て，「日本ではどうやってこんなにも若い人たちとともに活動できているのか」という疑問を持ったという（写真 1-4）。そこには，多くの大学生や一部高校生も参加し，高校生による発表も行われていた（写真 1-5）。このように，フットパスづくりを教育ツールとして用いることによって，次世代を担う若者たちの地域理解とシビックプライドの醸成につながっているといえる。

写真 1-4　Walkers are Welcome UK Network 会長のサム氏

写真 1-5　国際シンポジウムにてフットパスの報告をする高校生たち

3.3. 「フットパスの教育的効果」の成果としての「全国カレッジフットパスフォーラム」

　日本におけるフットパスに関する活動の特徴は，前述したように，高校生や大学生などの若者たちがフットパスの活動に深くコミットしている点であるといえる。英国のフットパスがレクリエーションとしての意味合いが強いのに対し，日本においては近年「フットパスの教育的効果」が注目され始めているのである。単なる楽しみや娯楽として歩くというだけでなく，地域の歴史・文化・環境などを「学ぶために歩く」という若者が増加している。

　大学の授業や研究テーマとしてフットパスに関する調査や研究，活動に取り組んでいる人たちや，高校の「総合的な探究の時間」の課題研究として，フットパスに関する活動をしている高校生も増えてきている。中には，高校生による地域活性化を目指して，部活動でフットパス活動を行う「フットパス部」が誕生した高校もある。このような高校生・大学生によるフットパス活動による活動成果や学びを発表し合う大会として，「全国カレッジフットパスフォーラム（以下，CFF）」が年に１度開催されるようになった。

　第１回CFFは，2016年に北海道科学大学において開催された。その後，2017年には福岡県にある北九州市立大学で第２回CFFが開催され，2018年には佐賀大学と熊本大学との共催で熊本県の阿蘇地域において第３回が開催された。2019年は，龍谷大学が主催し，滋賀県の東近江市において第４回が開催された。毎回，参加者は増え続け，これまでの参加学校は，北海道科学大学・旭川大学・釧路公立大学・筑波大学・大阪国際大学・阪南大学・龍谷大学・北九州市立大学・佐賀大学・久留米大学・熊本大学・宮崎公立大学，そして福岡県立中間高校である。各主催校によって，プログラム内容は多少異なるが，１日目には各学校で取り組んでいる活動の成果報告や課題の共有をプレゼンテーション発表したり，ポスターセッション形式によって発表したりする。そして，２日目には主催者校が手掛けているフットパスコースを視察するというスケジュールである。約100名程度の高校生・大学生・教職員が参加し，フットパス活動や研究の「学び場」として機能している。日々の活動や研究の成果をアウトプットすることで，これまでの活動を振り返り（リフレクション）を効果

的に行うことができ，また他者からの有益なフィードバックをもらうだけでなく，他者との比較の中から自分たちの研究や活動への課題や改善点を「気づく」場ともなっている。

　フットパスの活動や研究に関しては，「都市計画学，文化人類学，民俗学，法学，観光学，教育学，経済学，土木工学，人文地理学，環境学」など多様な分野の専門家がそれぞれの視点で取り組んでおり，フットパスという共通のテーマで多様な視点からの気づきが提供されるのが，CFF の魅力であるといえる。地域に出てフットパスづくりに関わる日常的な活動からは，地域の歴史や文化，環境等，様々な地域の現状を知ることができ，地域課題の発見・解決能力を鍛えるという教育効果が存在する。また，その CFF の開催による，日ごろの成果を発表する場が「学びの定着」に向けて，さらに効果的な役割を果たしているといえる。

4　地域資源のオープンアクセス化を目指して

　これまで，日本におけるフットパスの現状と日本のフットパスの特徴や効果について述べてきた。もともとフットパスとは英国において形成された社会制度であり，「Public Footpath」が正式名称である。「公衆に開かれた公設歩道」と解釈され，人々の「歩く権利」を保証するために，国がフットパスを指定し，それが英国全土に広く張り巡らされている。もともと歴史的に一般市民が通行できた道や公共用地に加え，牧草地や農地などの私有地においても市民の強い要請によって，「公衆に開かれたもの」として広く認識されている。ナチュラル・イングランド（Natural England）が，2011年 3 月から2012年 2 月まで行った調査によると，「イギリス在住の成人4210万人が総計14億1000万回も田園地方を訪れました。このうち，78％にあたる11億人はウォーキングが目的」（Sheila 2013）とされている。ナチュラル・イングランドとは，「2006年自然環境及び地方コミュニティ法（Natural Environment and Rural Communities Act 2006）に基づき，2006年10月 1 日付けで創設された」（片山 2009），環境・食品・地方問題担当省（Department for Environment, Food & Rural Affairs.）の様々

な戦略目標を達成するための「執行非省公共団体（Executive Non-departmental public bodies）」である。このナチュラル・イングランドの調査によって，「地方滞在中，観光客の26％のみが，お金を使ったとされていますが，支出をしない場合を含めて全体として考えても，2011年から2012年の間に，一人が一回の旅で使った費用の平均は7.46ポンド（1090円）になります。半数以上は飲食に伴う支出です。これらの数値から，ウォーキングを目的に地方を訪れる人々は年間82億ポンド（1兆1972億円）を使っていると推定できます」（Talbot 2013）という報告がある。

　英国においては，このような経済的な効果に期待し，衰退する地方都市の活性化につなげようとする取り組みが出てきたのである。イングランド北部にあるヨークシャー州のヘブデンブリッジ（Hebden Bridge）というまちでは，2007年頃からまちの商店が相次いで閉店したことを受け，地元の人々はまちの魅力と強みは何かを考えた結果，「美しいカントリーサイドをウォーキングの町として宣伝すべきだ」と思いつき，行動へ移した。ウォーカーのための専用のリーフレットを作成し，宣伝することによって，その結果，多くのウォーカーがこのまちを訪れるようになったのである。多くのウォーカーが訪れ，お金を落としてくれることによって，地域経済を潤すというこの取り組みをネットワーク化したのが，Walkers are Welcome town network in UK（以下，WaW in UK）である。この WaW in UK は「まちを挙げて，ウォーカーを歓迎する活動」を英国全土に広げていこうとするもので，現在は100を超えるまちやムラが WaW に認定されている。

　一方，日本におけるフットパスも，日本フットパス協会の見解によると「フットパスが地域活性化の有力な手段」（日本フットパス協会ホームページ）であることが明記されている。このように日本におけるフットパスに関する取り組みは，どちらかというと英国の WaW in UK の活動に極めて高い類似性があるといえる。日本においては，英国のようなフットパスという社会制度が存在しない。そのため，日本におけるフットパスは，「フットパスづくり」に取り組むことから始まるのである。つまり，日本において「フットパスとは何か」という問いに対しては，「地域活性化のために，地域で誰でも歩くことが

50

できるように整備した歩道を作るための『活動（運動）』」であるといえるであろう。

　一方，フットパスの発祥の地の英国においては「フットパスとは何か」と問われれば，それは間違いなく「道」のことを指す。日本において，この英国のようなフットパス（道）に類似するものは，集落内の生活道路である「ムラの道」であろう。道には，歴史的に集落と集落をつなぐ「街道」と集落内を移動するための生活道路とがある。現行法上における公設の道は，道路法に定めのある高速自動車国道，一般国道，都道府県道および市町村道の4種類の道（道路法第3条）と，道路法の適用または準用がなく，かつ登記上私権が設定されていない公共物である「法定外公共物」の「里道（りどう）」とに大別される。先の区分に照らし合わせると，前者の道路法に定めのある道を「街道」，後者の法定外公共物の里道を「ムラの道」として，本章では理解することとする。この「里道」の社会的位置づけや発祥の経緯については渡邉（2018）に詳しいが，渡邉（2018）の主たる問題関心として，地方分権一括法による里道の市町村への権利譲与以降，里道の「市町村管理の状況が，開発などを通じた『自ら考え自ら行う地域づくり』に寄与してきたのか，検証すべき時期ではないか」（渡邉2018：2）という指摘がある。

　前述したように，日本フットパス協会は「フットパスが地域活性化の有力な手段」として位置づけている。元来，歴史的に日本の伝統的なコミュニティにおいては，それほど頻繁に外部の訪問者に日常的な地域内の生活空間を歩かせる文化はほとんど無かったといってよいであろう。そのため，地域資源というものは，地域住民のためだけに使用されるものであった。しかし，近年，山や川，田園風景などの日本の農山村に存在する象徴的な地域資源の多くが，過少利用の問題が叫ばれ，耕作放棄地や山林の管理放棄が一つの社会問題ともなってきている。日本型フットパスの導入によって，日本の地域社会における社会制度に大きな制度変革をもたらす可能性がある。地域資源のオープンアクセス化によって，地域住民だけでなく，その地域を訪れる訪問者（ゲスト）も，ともに地域資源の守り手として機能するようになるかもしれない。

　また，日本におけるフットパスづくりには，高校生や大学生が「フットパス

の教育的効果」を期待して多くが関わっているという点も特徴的であるといえる。日本におけるフットパスづくりという活動は，英国のようなレクリエーションとしての社会制度として確立してきているというよりも，「地域活性化のツール」としてや「若者たちへの地域理解の教育的ツール」としての効果が期待されて広がってきているといえる。このように，日本におけるフットパスは，フットパス発祥の地，英国の WaW in UK の取り組みと類似している点は多くありつつも，それだけではない独自の発展と広がりを見せているといえる。今後も注目されがちなフットパスの経済的効果だけでなく，地域活性化に向けた社会的・文化的役割や教育的効果についても注目しつつ，独自の発展を遂げる「日本型フットパス」が社会制度として定着するかどうかを注視していきたい。

注

(1)　筆者は本調査において，九州内の取りまとめ作業を一部担当した。

(2)　美里式フットパスとは，地域住民を主体としたフットパスづくりの手法であり，地域社会を「地域住民のもの」と位置づけ，地域を「歩かせていただく」という気持ちを前提に，フットパス客と地域住民との直接的な交流を通じて，地域住民のシビックプライドの向上を目指す仕組みである。美里式フットパスについては，詳しくは廣川（2014b）を参照のこと。

(3)　法定外公共物としての里道は，「地方分権の推進を図るための関係法律の整備等に関する法律」（地方分権一括法）第113条により，国有財産特別措置法第5条第1項が改正され，法定外公共物に係る国有財産を市町村に譲与するための根拠規定が設けられることとなったため，今後とも国が管理する必要があるものを除き，当該申請のあった財産（里道・水路）を，市町村に速やかに譲与することが定められた。そのため，現在では里道は，各市町村の管理道路として法的には行政財産とされている。しかし，実態としては，集落ごとでその財産が管理されており，利用者もその集落の住民が想定されているものである。そのため，生活道路としての里道をフットパスコースに導入する際には，集落（住民）からの十分な理解を得る必要がある。

参考文献

泉留維（2010）「里道が担う共的領域——地域資源としてのフットパスの可能性」三

　　俣学・菅豊・井上真編『ローカル・コモンズの可能性』ミネルヴァ書房：38-63。

伊藤直之（2018）「子どものシビックプライドを醸成する地域学習についての考察」
　　『日本地理学会発表要旨集』。

内田晃（2014）「地方都市におけるフットパス導入による地域活性化の検討と課題」
　　『地域課題研究』2013年度：39-58。

小川巌（2012）「伸びゆく北海道のフットパス」『開発こうほう』１月号：39-43。

片山直子（2009）「英国における環境庁とナチュラル・イングランドとの関係」『大阪
　　府立大學経済研究』55（2）：45-52。

坂本裕基・廣川祐司（2014）「日本におけるフットパスの起源とその社会的意義」北
　　九州市立大学『基盤教育センター紀要』20号：107-128。

Talbot, Sheila 吉田絵梨子訳（2013）「フットパスから"Walkers are Welcome Town"
　　へ英国での展開」『里山学研究センター2013年度年次報告書』：28-39。

信金中央金庫総合研究所（2007）「通過型観光地からの脱却を目指すキーワード『三
　　感四温』──滞在時間延長を成功させるための５つの策」：1-20。

寺村淳（2015）「地域づくりにおけるフットパスの有効性とコーディネーターの役割
　　に関する研究」『農村計画学会誌』34巻論文特集号：219-224。

濱田暁生（2015）「地域の隠れた宝さがしから交流が生まれる～フットパスが拓ひら
　　く可能性～」『開発こうほう』（621）：13-17。

平松紘（2002）『ウォーキング大国イギリス～フットパスを歩きながら自然を楽しむ
　　～』明石書店。

廣川祐司（2014a）「地域活性化のツールとしてのフットパス観光──公共性を有した
　　地域空間のオープンアクセス化を目指して」『北九州市立大学都市政策研究所地
　　域課題研究』2013年度：59-75。

廣川祐司（2014b）「フットパスの創造とツーリズム」三俣学編著『エコロジーとコモ
　　ンズ』晃洋書房：143-164。

宮崎政雄・麻生恵（2004）：多摩丘陵におけるフットパス計画による里山景観保全へ
　　の取り組み，ランドスケープ研究，68（2）：126-129。

渡邉成彦（2018）「法定外公共物（里道）の変遷と分権譲与後の管理」『自治総研通巻
　　474号』2018年４月号：1-51。

参考資料

泉留維（2020）「『日本のフットパスの現況調査』について（令和元年度調査）」2020
　　年２月８日開催「日本フットパス協会10周年大会」にて報告配布資料。

笹川スポーツ財団「スポーツライフに関する調査報告書」（1996～2018）
　　https://www.google.com/url?sa=t&rct=j&q=&esrc=s&source=web&cd=&ved=2a

hUKEwi_4eu156nsAhXNIqYKHaG9AtQQFjACegQIBBAC&url=https%3A%2F
%2Fssf.or.jp%2Ffiles%2FSSF_Release_20190911.pdf&usg=AOvVaw21qy2ItdC8c
CTASjiIO5Sc（2020年10月10日閲覧）

じゃらんリサーチセンター（2013）「じゃらん宿泊旅行調査2013最新レポート」
https://www.google.com/url?sa=t&rct=j&q=&esrc=s&source=web&cd=&cad=rja
&uact=8&ved=2ahUKEwjV8aa-8qnsAhUC62EKHebaB88QFjAAegQIBBAC&url
=https%3A%2F%2Fjrc.jalan.net%2Fwp-content%2Fuploads%2F2018%2F05%
2Fresearches036.pdf&usg=AOvVaw2v_5cZI2vLEplhIF-5PE8z（2020年10月10日
閲覧）

中央教育審議会（2014）「新しい時代にふさわしい高大接続の実現に向けた高等学校
教育，大学教育，大学入学者選抜の一体的改革について～すべての若者が夢や目
標を芽吹かせ，未来に花開かせるために～（答申）」（高大接続答申）
https://www.mext.go.jp/b_menu/shingi/chukyo/chukyo0/toushin/1354191.htm
（2020年10月11日閲覧）

日本フットパス協会ホームページ
https://www.japan-footpath.jp/（2020年10月10日閲覧）

文化庁ホームページ「文化的景観」
https://www.bunka.go.jp/seisaku/bunkazai/shokai/keikan/（2020年10月10日閲
覧）

北海道新聞（2012）「フットパスコースに無断で私有地」2012年10月31日付朝刊。

第2章 「歩くこと」と「コミュニティづくり」
──英国のフットパスと Walkers are Welcome 活動

塩路有子

1 フットパスを歩くこと

英国は，近代観光の発祥地であり，観光とレジャー活動の大衆化を19世紀にいち早く実現した国である。今，その英国で変化が起きている。それは，「歩く観光」の発展と「歩く人を歓迎する」（Walkers are Welcome，以下 WaW）活動の拡大である。

19世紀に鉄道が普及してから，船舶，自動車，飛行機と，20世紀後半には人々が旅行する範囲は急速に広がり，移動は高速化した。21世紀の現代観光は，スピード重視であり，デジタルデバイスを使って目的地に効率よく，かつ速く到着することが実現している。この移動性（mobilities）による領域や交流の拡大と複雑化，多様化は，まさに現代的現象である（Sheller and Urry 2004，2006；Urry 2007）。しかし，現代観光は，途中の風景や訪れた土地や人々との触れ合い，その生活の体験といった旧来の旅行の醍醐味ともいえる過程を大幅に失ったともいえる（Urry 2007）。

急速にグローバリゼーションが進み，人々の移動性も加速，拡大，効率化する一方で，その反動のような変化が生まれた。高速やデジタルではなく，ゆっくりとした時間のなかでアナログに戻る動きである。「スローライフ」の重要性を多方面で再認識しようとする潮流（Parkins and Craig 2006）や「ロハス」（LOHAS = Lifestyles of Health and Sustainability）が注目されるようになったの

はその現れといえる。これらは私たちの「生活の質」（quality of life）を問い直すものである。そして，歩くことは，まさにスローライフの一つでもある。その意味で，歩くことは現代観光が失ったものを取り戻し，それらを「つなぐ」（Ingold 2007）ものといえる。

　英国では，1990年代頃から各地で，様々な新しいアソシエーションが成立し，新たな地域イベントや祭りが創出された（塩路 2003, 2014）。その１つに，定期的に地元を「歩くグループ」（walking group）の形成と「歩くイベント」としてのウォーキング・フェスティバル（Walking Festival）の開催がある。そして，WaW 活動がそれらに続いた。WaW 活動は，フットパス（footpath）を含む日常的な歩く環境を見直すことで人を呼ぶことに成功した。2007年に１つのコミュニティからはじまったその活動は，12年を経て100以上の市町村が参加する運動になり，全国規模の活動として発展し続けている（塩路 2016, 2018）。

　ところで，英国で「歩く」というと，「フットパスを歩く」ことを意味する。フットパスは，人々にとって昔から身近にあるもので，そこを歩くことはごく自然で当たり前のことである。日々の散歩や通り道のように日常的であり，長距離であれば休日のレジャー活動となる。英国のフットパスは，人々の生活路，巡礼路，商路などとして古くから存在した。フットパスは18世紀の囲い込み前後には農地や牧草地などを自由に行き来できる道として認識されていた。しかし，20世紀に都市労働者がウォーキングやハイキングなどのレジャー活動をする場所としてカントリーサイドに行くようになると，フットパスへの自由なアクセスが社会的に求められるようになった。1932年の「通行権法」の成立以降，英国ではフットパスをめぐる法的整備が進み，人々のレジャー活動の拡大と環境保全の促進のなかで，フットパスは長い年月にわたり維持されてきた（表2-1 参照）。フットパスは，このように文化遺産的な側面を持つ。その一方で，フットパス自体が，序章で前川が述べているように，「所有者と通行者との境界で流動的に生成されるコモンズ」として捉えることができ，歩くことによって生成してゆく動態的な側面をあわせ持つ。

　現在，英国が「歩く観光」の先進地域となったのは，それを支える20数万km に及ぶ，そのようなフットパスが国内に網の目状に存在するからだ。国が

指定する長距離歩行道であるナショナル・トレイルはイングランドとウェールズだけで15本（準備中のものを入れると16本）存在し（図2-1参照），全長約

表2-1　フットパスに関する法的整備，レジャー活動と環境保全

フットパスに関する法的整備	レジャー活動と環境保全等
1932年　キンダー・スコット事件 　「通行権法」の成立	**1930年代** ピーク・ディストリクトが人気の散策地になる。
1949年　国立公園法に「カントリーサイド 　の立ち入りを認める法律」が併記。	
	1970年代～80年代 カントリーウォークが盛んになる。
1990年「通行権法」改正 　フットパスを地主や都合による閉鎖から 　守ることが強化された。	**1980年代以降** 政府，地方行政によるカントリーサイドの環境保 全と観光促進。
2000年　「カントリーサイドと通行権法」 　荒地，森林地なども対象とした公的アク 　セス権が確立。	**2000年代以降** 政府，地方行政による健康，福祉対策の強化 （ウォーキングの活用と補助）

図2-1　英国におけるナショナル・トレイル

4000km，年間8300万人が訪れる（National Trails ホームページ）。さらに，旅行会社や宿泊施設などの観光産業による歩くことを支える仕組みも整っている。英国の「歩く観光」の経済効果は年間8000億円ともいわれる。

　本章では，このような英国のフットパスとそれを活用した WaW 活動が，実際にどのように行われているのか，生成してゆく動態的なコモンズを，コミュニティや推進する人々というミクロ・レベルから捉える。それを観光産業との関わりも含めて，筆者が訪れた英国の WaW タウンを取り上げながら具体的に明らかにする。

　さらに，英国での WaW 活動は日本のフットパスやまちづくりを考えるときに何を示唆するのか，日本社会で「歩くこと」が「つなぐこと」になるのか，その可能性について考えたい。最後に，「歩くこと」と「コミュニティづくり」，そして英国の事例からそれらが育むものについて考察する[1]。

2　WaW の誕生と展開

2.1.　イングランド北部での変化

① WaW 概念と活動のはじまり

　イングランド北部に位置するヘブデン・ブリッジ（Hebden Bridge）は，英国で最初の WaW タウンであり，WaW 概念はこの町で生まれた。同町の人口は約7000人，周辺の小さな村を含めて9000人ほどが住む，丘陵の裾野に広がる地帯である。周辺の丘の上には，英国最初のナショナル・トレイルである「ペナン・ウェイ」（Pennine Way）をはじめ，数本の長距離フットパスが通っており，英国で最も広大で多種多様なフットパスのネットワークがあるといわれている。この地域に広がるフットパスと乗馬道のブライドル・ウェイの総距離は960kmある。

　産業革命以前，この地域の人々は丘の上で羊を飼い，羊毛を売って生活していた。羊毛を運ぶポニーが通った道（Pack Horse Trail）には一部石畳が残っており，現在フットパスとして使われている。しかし，産業革命後，綿工場が丘の下の谷間に次々と建設されると人々は工場で働くために，徐々に丘の下に暮

写真2-1　丘の上から見えるヘブデン・ブリッジの町並み

らすようになり，現在のヘブデン・ブリッジの町が形成された（写真2-1）。その当時の労働者が通勤路として使ったフットパスも残っている。この町は，産業革命で隆盛し，その後，衰退した北部イングランドの典型的な工業地帯の一つである。

　この町でWaW組織を設立に導いたのは，当時，同町在住10年目のジャーナリストの男性だった。2006年4月24日に彼が提示した「ヘブデン・ブリッジを最初の公式認定のWalkers Welcomeタウンにするための提案」には，このWaW概念を「フェアトレード・タウンの概念」[2]から着想したことが述べられている。その背景として，既存の市場経済とは異なるルートや基準で開発途上国の製品を流通させるという「フェアトレード」の概念とWaW概念が類似しているからだと考えられる。集客を考える上で，既存の主要な観光市場に頼るのではなく，ウォーキングやウォーカーという少数派で目立たない存在に注目することで地域振興に導くという点である。

　彼は，フェアトレード・タウンに必要な5つの条件[3]を参考にして，WaWタウンとして公式認定を得るために次の6つの条件を挙げている。これらは現在もWaWタウン認定のさいの基準になっている。

① WaWタウンのコンセプトに対する多数の地元支援の表明。
② 地元行政がWaWタウン登録申請を公式認可。

③ 地域のフットパスを良好な状態で維持するための行動。

④ WaW ステイタスに対する適切なマーケティング。

⑤ 公共交通機関を使ったウォーキングの奨励。

⑥ WaW ステイタスを維持している場所としてのメカニズムの表明。

　①は，地元住民の署名を集めることで表明できる。署名の数は小さな村では50，ヘブデン・ブリッジのような小さな町では250，より大きなコミュニティでは500の署名が必要とされる。②は，地元行政によって支援に関する決議を通すことによって表明できる。また，WaW タウンのすべきことに対する責任をスタッフや委員会メンバーに割りあて，少ない予算をつける。③は，「歩く権利」を保証するための行動である。地元行政とともに，またはボランティア団体が，地域のすべての道を少なくとも年に1回は歩いて，障害物を迅速に取り除き，地元行政がその範囲とする地域のすべての道を 'Use Your Paths Initiative'（あなたの道を使う構想）に確実に登録するように関与する。④は，メディアによる報道，町の中心部で一般の訪問者に可能なウォークを提案する標識や地図を設置することなどが挙げられる。町の中心部から出発し，道標のある少なくとも2つのウォークを提示し，配布可能なパンフレットの準備をする。また，地元商店に WaW ステッカーを表示するよう奨励することも含む。⑤は，マーケティング用のパンフレットに公共交通機関についてわかりやすく説明することが挙げられる。⑥は，地元の WaW 推進グループの招集が必要とされる。

　こうして，2007年2月18日に WaW 協会が結成された。同年の10月21日には，ヘブデン・ブリッジに全国から28人が集まり[(4)]，事実上，最初の全国的なWaW 協会の集会 'Where Walkers are Welcome' が開催された。参加者リストには，発起人の男性を含めてヘブデン・ブリッジから3名が出席している。講演者として，自然環境に関する政府のアドバイザー機関である非省庁公共機関ナチュラル・イングランド（Natural England）[(5)]から1名，ヨークシャー・デイルズ（Yorkshire Dales）国立公園から1名，フェアトレード・タウン組織から1名の計3名が招かれている。さらに，最初のフェアトレード・タウン

であるガースタンから1名。その他に，イングランド全土から行政の代表者
（町やコミュニティ，教区レベル）4名，観光関係の団体2名，ウォーキン
グ・フェスティバルの代表2名，各地のランブラーズ協会（Ramblers
Association）[6] 3名などの名前が並んでいる。

② 現在のヘブデン・ブリッジ

　2007年に，町を活性化させるためにWaW概念を打ち出し，英国最初の
WaWタウンとなったヘブデン・ブリッジだが，最近では英国のテレビ番組で
同町が度々舞台になったことで，2010年から5年ほどで観光客が急増した。そ
のため，現在では，町の中心部は観光地化されており，かつて工業地帯だった
町が最初のWaWタウンとしてウォーカーを誘致して成功したというよりは，
むしろ観光市場において成功したかのように見える（写真2-2）。以下は，2015
年に現地で行った聞き取り調査にもとづいている。

　この町でWaW活動を促進する組織は，「ヘブデン・ブリッジ・ウォーカー
ズ・アクション・グループ」（Walkers Action Group，以下WAG）といい，2007
年に結成された。現在も，メンバーリストには多くの名前があるが，実際に活
動しているのは10人程度だという。WAGはウォークを組織したりはしないが，
WaW活動を促進する役割を担っている。例えば，2015年には「ペナン・ウェ
イ」の50周年を祝して，町から丘をのぼり「ペナン・ウェイ」の一部を歩いて

写真2-2　観光地化したヘブデン・ブリッジ中心部

町に戻る新しいサークル・ウォークのルートを生み出した。

　WAGの副委員長は，同町に27年間住む公務員で，2004年から仕事で香港に6年間暮らしたこともあり，香港でもよくフットパスを歩いたという。彼は，休みには国内外の長距離トレイルを歩く。そのため，他のフットパスと比較し，ヘブデン・ブリッジのフットパスの良さを認識しており，同町のフットパス・ルートに精通している。WAG事務局を担当する女性は，同町に26年間に住み，行政で子供の福祉に関わる仕事をしていたが，数年前に退職し，WAGに入った。彼女は，全国組織であるランブラーズ協会会員でもあり，同協会の創始者の行動や理念に強く共感している。現在のフットパスの存在と，そこを歩くことができるのはそういった先駆者による努力があったからだと語る。そのほかに，WAG委員の中には，丘の上に近い小村に16年間暮らしている町議会議員もおり，自然環境や地域の発展に関して行政の立場からアプローチしている。

　一方で，ヘブデン・ブリッジには，WAGができる以前から，地域の活性化に熱心に取り組む住民団体が存在している。2001年に発足した「ヘブデン・ブリッジ・パートナーシップ」というグループは，町の社会的あるいは娯楽的な約30のグループから成り，より良い地域づくりを目指す団体である。その背景には，政府の経費削減により地元行政が十分機能していない状況があるという。2001年，ヘブデン・ブリッジ・パートナーシップは，同町のコミュニティとボランティア組織（環境団体，スポーツ団体，芸術団体，若者組織，障害者コミュニティ），ビジネス・コミュニティ，カルダーデール行政府，ヘブデン・ロイド町議会と4つの小教区議会の代表たちによって立ち上げられた。2013年には，住民と交渉や相談して作成したアクションプラン『2020 Vision』も出版した。

　元シェフィールド大学教員で，WAGメンバーでもあるヘブデン・ブリッジ・パートナーシップ委員長によると，彼らは，現在，地域行政とビジネス・コミュニティがWaWタウンとしての同町に対して責任を果たすように，再び取り組みを開始しているという。このように，この町の住民団体には，その活動の根底に，地域行政に頼らずに自分たちの手で地域の活性化に取り組もうとする自治意識の強さが見られる。

　ヘブデン・ブリッジには「ペナン・ウェイ」をはじめとする多くのフットパスがあるが，住民の中にはそれらに関わる維持管理団体も存在する。例えば，黒い鳥のマークがシンボルの「CROWS」（Community Rights of Way Service）と呼ばれるコミュニティの歩く権利を支えるグループである。これは，ボランティアによる保全団体で，80kmのサークル・ウォークであるカルダーデール・ウェイ（Calderdale Way）[7]を維持管理している。ヘブデン・ブリッジのWAG現委員長がこのCROWSも組織している。

　このように，現在，WAGの活動メンバーには，ヘブデン・ブリッジのフットパスに精通する人物やフットパスとウォーキングの理念に詳しい人，行政議員，ヘブデン・ブリッジ・パートナーシップやCROWSを組織する代表者が入っており，町を再びWaWタウンとして周知させるために活動している。ヘブデン・ブリッジでWaW活動に取り組んでいる人々は，かつてフットパスをめぐって地主と対立したイングランド北部の労働者階級の人々[8]とは異なり，多様な仕事や経験，考えをもつ人々である。しかし，同地域に育まれている，そうした「歩く権利」やフットパスに対する真摯な姿勢，さらに自立的な自治意識が，この町にWaW活動を生み出し，現在も継続している背景にあるのかもしれない。

2.2. イングランド南部での成功：ウィンチコムの事例

　次に，WaW結成の2年後にWaWタウンに認定されたイングランド南部の町ウィンチコム（Winchcombe）の事例を取り上げ，歩く人々を歓迎するまちづくりの経緯を詳細に追ってみよう。

① WaWタウン登録前後の動き

　イングランド南西部に広がる丘陵地帯コッツウォルズ地域（The Cotswolds）に位置するウィンチコムは，人口約5000人の町である（写真2-3）。ウィンチコムは，ヘンリー8世とゆかりのあるスーダリー城（Sudeley Castle）のある町として知られているが，観光客は城にだけ訪れ，町を散策することは少ない（写真2-4）。一方で，同町にはナショナル・トレイルである「コッツウォルド・

写真 2-3　周辺に広がるフットパスから　　　写真 2-4　ウィンチコム中心部の歴史的な
　　　　　望むウィンチコムの町　　　　　　　　　　　町並み

ウェイ」（Cotswold Way）をはじめ，「グロースターシャー・ウェイ」（Glouces-
tershire Way）など，大小多くのフットパスが通っており，歩く環境にはかな
り恵まれている。しかし，2000年以降，町のパブや商店が次々と姿を消してい
き，町は閑散としていたという。

　WaW 協会の元理事である60代の女性は，同町に1980年代に家族と移住した。
2000年以降の町の閑散とした様子に強い危機感を持っていた彼女は，2009年に
町議会において WaW 概念と WaW タウンについて紹介し，それを取り入れ
WaW タウンとして活動することで町が再生する可能性を提案した。彼女は，
当時ナチュラル・イングランドでナショナル・トレイル担当の仕事をしていた
ため，WaW 活動について知っていた。同議会で，多くの町議会議員の賛成と
協力を得て，町から準備金が出されることが決まり，WaW タウンに向けての
ワーキング・グループが結成された。こうして2009年にウィンチコムは WaW
タウンに登録された。

　この女性を中心としたワーキング・グループは，何度も周辺のフットパスを
歩いて観察し，周辺に広がる既存のフットパスを活用しながら町の中心部に必
ず戻ってくる 8 の字型の周遊ルートである全長約67km の「ウィンチコム・
ウェイ」（Winchcombe Way）を考案した（図2-2）。その公式ガイドとパンフ
レットを作成し（写真2-5），その後，それらをウィンチコム WaW のウェブサ
イトに掲載した。彼らが作った同町のウォーキング・マップも看板にして町中
心部のバス停横に掲示している（写真2-6，2-7，2-8）。これらがきっかけとな

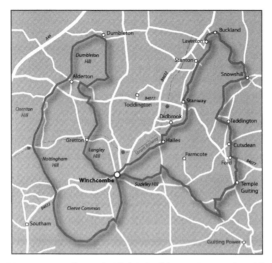

図2-2　WaW グループが考案した「ウィンチコム・ウェイ」

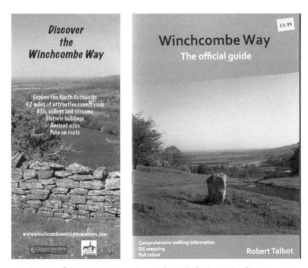

写真2-5　「ウィンチコム・ウェイ」の公式ガイドとパンフレット

り，町を訪れるウォーカーが徐々に増加し，町のパブやホテル，商店が活気を
取り戻していった。

写真 2-6　WaW グループが作ったウォーキング・マップの看板（ウィンチコム中心部バス停横）

写真 2-7　ウィンチコムのフットパス

② WaW 活動と町の変化

　ウィンチコム WaW の活動メンバーは，当初12人だったが，活動が落ち着いた現在は９人になっている。発起人である女性とウォーキング旅行会社勤務の夫，町議会議員４人，宿泊施設経営者，商店主，行政府勤務，自然保護団体メンバー，元銀行支店長などである。彼らは，ウォーキングや自然保護（維持管理）活動を日常的に行っており，地域活性化に積極的に取り組む姿勢を持っている。

写真 2-8　ウィンチコム WaW のロゴが貼付されている木戸

　活動内容は，フットパスの維持管理と活用だ。実際には，フットパスの見回りをコッツウォルズ地域の自然保護団体であるコッツウォルド・ボランティア協会（Cotswold Voluntary Wardens）や町の景観保全団体であるウィンチコム友の会と協力して行っている。それらのグループのメンバーにフットパスを歩いていて気がついたことを報告してもらい，それに対処する。例えば，ゲート（木戸）やスタイル（踏み段）が壊れていた場合は，修理するよう行政に依頼し，ルート上に新しいゲートが必要であれば寄付金を集めて設置したこともある。

　また，ウィンチコム・ウェイのように長距離ではないが，川沿いの地域をめぐりながら歩くことができ，数 km ごとに区切って歩くこともできる「イズボーン・ウェイ」(Isbourne Way) という新しいフットパス・ルートを2014年に創出した。

　ウォーカー向けの活動としては，町の商店に WaW 活動への協力を呼びかけ，WaW 認定タウンを示す「WaW HERE ステッカー」を貼付するように依頼する。週に1,2回ウォークを実施し，毎年5月にウォーキング・フェスティバルを開催している。ウォーカー向けの情報としてウィンチコム WaW のウェブサイトにウォーキング・マップを掲載している。

　こうした活動の結果，現在ウィンチコムには，WaW タウンのステッカーが貼られた店や宿泊施設が多く見られ，WaW タウンであることが町全体で共有され，歩く人を歓迎する雰囲気が感じ取れる。WaW タウンのステッカーが貼られた店には，泥だらけになりがちなウォーキングブーツで入店しても構わないという約束があり，ウォーカーは安心して入店できる。そのような店内にはウォーカー向けの情報が壁に貼ってあったり，多様なウォーキング・マップを販売したり，食料品店にはウォーキングのさいに必要な水や食べ物がショーウィンドウに並んでいる（写真 2-9，2-10，2-11）。

　町の観光案内所の2013年9月の記録によると，前半の2週間で762人，1日平均54人が観光案内所を訪れており，そのうち21％が外国人旅行者だった。その期間の観光案内所のウォーキング・マップなどの売り上げは，約1040ポンド（15万6千円，1ポンド＝150円換算）で，町の小さな観光案内所としては多い方だ（写真 2-12，2-13）。

　一方で，この町には宿泊施設が少ないという課題がある。しかし，詳しくは後述するが，地元ホテルの一つであるホワイト・ハート・イン（White Hart Inn）では，ウォーカー用の部屋として少し安い値段設定の部屋も数室用意している（写真 2-14，2-15）。同施設では，ウォーキングの季節である5月から10月は宿泊客の大半が世界中から訪れるウォーカーになるという。

　では，ウィンチコムの WaW 活動は実際にどのくらいの経済効果を町にもたらしているのだろうか。同町の WaW グループの2017年の試算にもとづいて考

写真 2-9　WaW に協力している食料品店主と内部

写真 2-10　同食料品店の外観

写真 2-11　同食料品店のショーウィンドウに並ぶウォーカー向けの商品と公式ガイド

えてみる。毎年開催するウォーキング・フェスティバルは，参加費が1人5ポンド（750円）だが，年々参加者が増え，大盛況だという。現地の試算として，3日間開催されるウォーキング・フェスティバルは，25のウォークやイベントへの参加で計60万円の収入，町での宿泊費や飲食費など63万円（60人が宿泊したとして），その他100人を超えるウォーカーの弁当代，駐車料金などを合わせて15万円とすると，少なくともウォーキング・フェスティバルだけで合計138万円を町にもたらしているという。

　さらに，年間を通じて町を訪れるウォーカーがもたらす経済効果としては，駐車料金，昼食代，宿泊費と夕食代，バスやタクシー代，ガソリン代，町の商店での買い物を含めると，少なく見積もっても合計930万円だという。つまり，WaW 活動によって年間1068万円の収入を町にもたらしていることになる。この試算でいくと，WaW タウン登録から10年間で1億円超の経済効果となる。これ以外にも，WaW 活動によってウォーキング・タウンとしての評判が定着したことで，ウィンチコムをツアーの拠点とす

写真 2-12　ウィンチコムの観光案内所

写真 2-13　観光案内所で 売っている ウォーキン グ・マップ類

写真 2-14　ウィンチコムのホテル

写真 2-15　同ホテルの入り口に貼られた WaW ステッカー

るウォーキング旅行会社が増えた。それらの会社が地元のタクシー会社や ウォーキング・ガイドと契約することで町への経済効果はさらに増える。

2.3. つながりの醸成

　ここでは，主にウィンチコムの事例を中心に，他地域の WaW タウンの状況 も述べながら，よりミクロな視点から WaW 活動による人々のつながりや関係 がどのようにコミュニティ内部で醸成され，コミュニティ外部へと広がってい るのかをみてみよう。

① コミュニティ内部のつながり

　ウィンチコム WaW の活動は，フットパスの維持管理という面では，WaW グループとコッツウォルド・ボランティア協会やウィンチコム友の会などの既存のボランティア団体のメンバーとの間につながりを生んだ。WaW の活動メンバーにもコッツウォルド・ボランティア協会でコッツウォルド石の石垣の石積みを行うなど自然保護・景観保全の活動を長年にわたって行ってきた人がいる。ウィンチコム友の会は，町の住民が歩道沿いの雑草を抜くなど景観保全のための地道な活動を実施している団体である。

　いずれの団体もメンバーに同町や周辺町村の住民がいるため，WaW メンバーが連絡して情報交換することができた。このような人々と WaW メンバーが連絡をとり，現状を報告しあうことで，町周辺のフットパスの状況を常時把握し，対策を迅速に検討することができている。他地域の WaW タウンでも同様に，ランブラーズ協会の地域支部のメンバーや地域の環境保全のボランティア団体との連携などがみられる。もちろん，より個人的なつながりのレベルで，WaW メンバーの地元のウォーキング仲間から日常的に情報が寄せられることも多い。

　フットパスの活用という面では，町の商店や喫茶店やパブ，ホテルや民宿などの宿泊施設にも WaW ステッカーの貼付を依頼する。それまで歩くことやウォーカーと関わらなかった商店主や経営者と知り合うだけでなく，ウォーキング・フェスティバルのさいに参加者の宿泊施設として手配したり，町の商店での買い物を推奨したり実質的な関係が構築できる。ウィンチコムでは，そのような経営者の 1 人が WaW タウン活動に協力的な町議会議員ということもあり，行政を含めてより実務的に連携できている。WaW タウンによっては，地域の商店などがスポンサーとなって村祭りやウォーキング・フェスティバルを開催し，フットパス整備の資金集めのさいにサポーターとなっている場合もある。

　ウィンチコムのボランティアガイドは，町の中心部に集中する歴史的建築物と町の歴史を説明しながら「ヘリテージ・トレイル」を歩く。増加したウォーカーのグループに対して WaW グループや町の観光案内所から連絡をうけて案

内することが多い。WaW タウンでは，WaW 活動メンバーがウォークを引率する場合やウォーキング旅行会社の依頼により有料でウォークを引率する場合もある。一方で，定期的なウォークの開催や組織は行わず，既存のウォーキング・グループに任せ，広報などを主とする活動に集中している WaW タウンもある。

ウィンチコムの町議会は，WaW タウン活動に協力的で，町の観光案内所は行政が補助金を出して常駐スタッフを雇用して運営している。さらに，町に住むコッツウォルド行政府の議員も協力や情報提供を惜しまない。しかし，北部イングランドやスコットランドやウェールズの WaW タウンでは，地域行政の議員は協力的だが，財政難から資金援助ができないところもあり，WaW グループがより自営で自立的な場合も多い。しかし，筆者が訪れたどの WaW タウンでも地元議員との非公式だが友好的な関係が生じている様子が見られた。このように，WaW 活動を通してコミュニティ内部でこれまで関わることのなかった人やグループが関わるようになり，コミュニティに新しいつながりが生まれている（図2-3 参照）。

また，ウィンチコムでは，歩くことによる健康増進と病気などからの健康回復を目指すウォーキング・グループの活動が活発だ。英国政府が医療費削減の

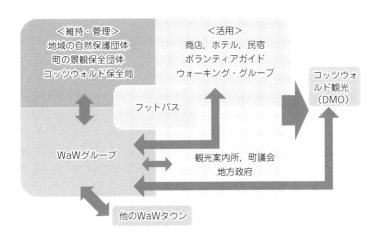

図2-3 ウィンチコムにおけるフットパスをめぐる関係

ために「歩くこと」で病気を抑制し健康を維持，増進するという方針を打ち出している影響で，英国では一般的に「歩くこと」の健康効果に対する人々の関心が高まっている。そのため，現在，英国各地にそのような目的で "walk for health" や "health walk" と呼ばれるウォーキング・グループが町村レベルで存在している。地域によっては，WaW グループのメンバーが立ち上げる場合や既存の同グループと WaW グループが連絡を取り合い，住民に健康ウォークを広報したりする。

　ウィンチコムの同グループのウォークは，週1回開催される。2017年8月に筆者が参加した日は，18人が4kmから6kmの高低差の少ない牧草地を抜けるルートを仲間とおしゃべりしながら歩くものだった。ウィンチコム周辺の市町村からも4人の参加者がおり，他には心臓病などの病気や怪我から回復して歩いている人が数人，パートナーを亡くして1人でいるところに声をかけてもらって歩くようになった人も数人いた。また，それまでは友達同士で歩くだけだったのが，このグループで歩くことで仲間が増えたという。彼らは歩いた後にパブで休憩してコミュニケーションをとる。歩くことを通して新しい仲間と出会うことで，身体的だけでなく精神的にも元気を取り戻している人々の姿があった。

　ウィンチコムでは，これまで述べたような町の変化に伴い，一般の住民もウォーキングに関心をもつようになり，自らの町の自然環境に目を向けるようになったという。このことは，住民の意識変革にもとづいたまちづくりや地域活性化を考える上で重要といえる。いまでは，町議会だけでなく，町に住む行政府議員もこの活動に協力し，より広域の行政から支援を受ける活動となり，町の観光案内所やボランティアガイド，ウィンチコム友の会など，多様な人々や団体がフットパスによるまちづくりに積極的に協働している。

　筆者がウィンチコムで調査を開始した2013年からの5年間に，さらにウィンチコムの町全体が，外から来る人々を歓迎する雰囲気を増してきた。そこには，各商店が WaW のウェブサイトに広報を出すなど，商業的な努力も加わっている。現在，ウィンチコムでは宅地開発計画が進んでおり，子どものいる若い世代が移り住んできている。自然環境が豊かで，商店も充実し，暮らしやすい雰

囲気のある町に比較的安価な住宅が増えたことで、コミュニティ外から若い世代の人口が流入し、町の人口は増加中である。

② コミュニティ外部とのつながり

　ウィンチコムが位置するコッツウォルズ地域は、国指定の自然景勝特別保護地域（Area of Outstanding Natural Beauty, 略称 AONB）であるため、WaW の活動グループはその全域の保全管理を統括する公的組織であるコッツウォルド保全局（Cotswold Conservation Board）との連絡も行う（図2-3参照）。後述するが、他地域では、それが国立公園（National Park）であったり、ナショナル・トレイルの維持管理を行う地元の組織であったりする。WaW グループは、それらの開催するミーティングに定期的に参加し、それらの組織メンバーに直接連絡をとって対応を検討してもらうこともある。

　さらに、コッツウォルズ地域の DMO（Destination Management Organization）である「コッツウォルド観光」と定期的なミーティングを行い、必要な情報を広報してもらい、そのさいに地域の上部行政であるコッツウォルド行政府、さらに上部のグロスターシャー州政府の関係部署に対応について連絡してもらうこともある（図2-3参照）。いいかえると、コミュニティ内で生まれたつながりと情報を最大限活用して、コミュニティ外のより広域な組織や行政とうまく連携する形が作られているのだ。

　また、WaW タウンに登録すると、周辺の WaW タウンと連携することが多くなる。そうして、徐々に WaW タウン同士のネットワークが構築される（図2-3参照）。最初は、互いの町を訪問し合って、フットパスを一緒に歩いて情報交換したり、その町で開催されるウォーキング・フェスティバルに出かけてウォークに参加したりする。ウォーキング・フェスティバルは、春から秋にかけて年に1回多くの WaW タウンで行われる「歩く祭典」だが、一気にその地域の多様なフットパス・ルートや独自のイベントを体験できるので、一般のウォーカーだけでなく、WaW 活動を展開している各地の活動メンバー自身にも人気である。他地域の WaW タウンのメンバーと交流することで、地域による取り組みの違いや行政の対応、助成金の応募や募金活動による資金づくり、

ウォーキング・フェスティバルの催しのアイデアなど，様々な要素について意見交換できる。

　周辺の町村をつなぐフットパスは元々ある場合が多いので，WaW タウンになった後も連携してフットパスを整備したり，ウォーカー誘致に取り組んだりする。そうして周辺の WaW タウンとのつながりが強固になると，それらをつなぐ新たなフットパス・ルートが形成されることもある。例えば，北部イングランドの町オトレイ（Otley）と周辺の 2 町村が創った約45km にわたる「ウェルカム・ウェイ」（Welcome Way）はその典型的な成功例である（塩路 2018：148-149）。

3　全国の WaW タウンの活動と特徴

3.1. 活動的な人々による運営

① 住民が主体の活動

　WaW タウンの活動は，これまで述べてきたヘブデン・ブリッジやウィンチコムのように，住民主導で活動を開始し，行政を動かし，住民と行政が一体となって取り組む形で推進される傾向がある。その一方で，以下に述べるウェールズのチェプストウ（Chepstow）のように，行政主導で始まり，その後，住民・行政一体型になっていった WaW タウンもある。

　ウェールズの北東部に位置するチェプストウは，人口約 1 万5000人の町である。同町は，AONB であるディーンの森（Forest of Dean）に近く，ワイ川が流れる森もあり，セバーン川の河口に位置する。そのため，自然環境を楽しみながら歩くことのできる多くのフットパスに恵まれ，古くからの交易地としての歴史を知ることのできるタウン・ウォークも充実している。また，町の近くには中世のティンターン大聖堂跡があり，多くの観光客が訪れている。以下は，2015年と2018年に現地で行った聞き取り調査にもとづいている。

　チェプストウの WaW 活動は，2012年に町議会が町でウォーキングに関わっている有志数名にウォーキング・フェスティバルを開催するように依頼したことで始まった。そして，2013年に初めてウォーキング・フェスティバルが開催

された。初年度は，160人がウォークに参加し，1日だけ開催した。2年目は，200人以上が参加し，2日間開催した。そして，3年目の2015年は470人が参加し，4日間開催した。22の異なるウォークと4つの工芸製作のワークショップなども実施した。チェプストウのウォーキング・フェスティバルは，開始わずか3年で拡大し，町に恩恵をもたらしたのだ。

　チェプストウのWaW委員会のメンバーは7人で，現委員長は元小学校教師の女性で，ランブラーズ協会にも所属している。メンバーの中には元警察署員だが，現在はチェプストウから4マイル離れたところでホリデー・コテッジを経営している女性もいる。彼女は，WaW全国組織の委員会メンバーで，チェプストウでは「健康のためのウォーク」を週1回開催する一方で，町が所有する庭や鉢にハーブを植える活動も行っている。彼女はウォーキングのグループには入っていない。しかし，WaWメンバー数名で旅行会社に依頼されて世界中から来るウォーカーを引率することが年に3，4回あるという。また，元セールスマンで，現在はボランティアで川沿いの谷を通るフットパスの維持管理を行っている男性や仕事の合間にボランティアで町からゴミをなくす活動をしている男性など，チェプストウのWaWグループはフットパスの維持や町の社会的活動に積極的に取り組む人々によって構成されている。

　チェプストウ行政は，WaW活動に積極的な姿勢を示している。2015年現在の町長は若く，コミュニティ意識を町の歴史や歴史的建築物を通して育むことに関心が強い。彼は，町の歴史を歩いて学ぶ「ヘリテージ・トレイル」を含むウォーキングの促進とウォーカーの誘致によって町の発展を目指すWaW活動を支持している。また，町の中心部にある歴史的建築物を宿泊費の安いホステルとして開業するために修改築した地元男性がいる。同ホステルは，2017年に開業し，ウォーカーをはじめ多くの若者が町を訪れるとして，行政だけでなく，WaW委員会も期待している。筆者が2018年に同ホステルに宿泊した時には，夕方に2階のホールで音楽会が開かれており，観光客だけでなく，住民も集まって楽しむ場として機能していた。

　また，元町長で陶芸家の男性は，町のヘリテージ・トレイルのために，道標や案内板を陶板で作り，2012年に完成，陶板の案内によるヘリテージ・トレイ

写真 2-16　チェプストウのヘリ
　　　　　テージ・トレイルの陶
　　　　　板

写真 2-17　ナショナル・トレイル
　　　　　の陶板とチェプストウ
　　　　　WaW のメンバー

ルが開始した。それらは，道路や建物の壁に埋め込まれており，町のあらゆる
ところで目にすることができる（写真2-16）。彼は，ヘリテージ・トレイルだけ
でなく，チェプストウを起点とするウェールズの長距離海岸フットパスと，同
町を通りイングランドとウェールズの境界線に沿って歩けるナショナル・トレ
イル「オファーズ・ダイク・パス」（Offa's Dyke Path）の両方を示す地図付き
の案内板や道標も陶板で作成し，それらは川沿いに設置されている（写真2-17）。
　このように，チェプストウでは地元行政に携わる人々も積極的に行動し，
フットパスに関わる活動に貢献している。ウォーカーを誘致するホステルの建
設や歴史的建築物の修復，ヘリテージ・トレイルの完成など，町ぐるみで
WaW 活動を行っている。
　住民主導で WaW 活動を開始したパターンと行政主導で開始したパターンに
ついて述べてきたが，その後どちらも住民と行政が一体となって活動が発展し
た。もちろん，最初から行政と協働で WaW 活動を展開するところもある。し
かし，これらの3パターンのいずれの場合も，住民が主体となって活動するこ
とが最も重要とされている。実際に，行政が主導して WaW タウンとして認定

されたが，そこに協力する住民がいなくなり，数年後に WaW タウン登録が取り消された町もある。

② 活動メンバーの構成と特徴

　筆者は，2013年から2019年の間に合計28カ所の英国の WaW タウンを訪ねた。各地で WaW 活動を展開している人々と会って調査した結果，WaW タウンの活動メンバーは，1930年代に北部イングランドで「歩く権利」を主張したような労働者階級の人々が主流ではなく，実に様々な経歴の持ち主によって構成されていることがわかった。共通点としては，元公務員，元教師や元大学教員，元医師，元技術者など知識階級の人々が核となって推進していることである。その意味では，現在は知識階級を含むやや保守的な層が運営しているといえる。しかし，彼らは，その多様な技術や能力，知識を活かして，各地で WaW 活動をむしろリベラルに展開，発展させ，それぞれの地域活性化に貢献している。

　彼らのほとんどは，退職した高齢者である。現職者は，町議会議員や宿泊施設経営者，農家，ウォーキング旅行会社勤務などフットパスやウォーキング，観光に何らかの形で携わる人々である。高齢とはいえ，WaW グループで60代はまだまだ若者で，70代も20代の若者よりも元気に歩く。WaW 活動のメンバーには，ウォーキングを好み，それを趣味や日課とする人が多い。地元のウォーキング・グループに参加または自らそれを運営して，週1，2回歩く人もいる。なかには，国内だけでなく海外まで出かけて長距離のフットパスを歩く人もいる。ウォーキング・グループや歩くことがきっかけで WaW 活動を開始した人も多い。

　彼らは，しばしば関係者で集まって活動の方向性を議論し，生じた問題を迅速に解決する方法を模索する。そのミーティングは，定期的な委員会の場合もあるが，関係する人々が非公式にカジュアルに集まることも多い。筆者を含めた共同研究のメンバーが現地を訪ねると，地元のフットパスを一緒に歩きながら，地域の歴史や特徴，彼らの取り組んできた活動内容を説明してくれる。途中で近くのパブに寄って食事をしたり，酒を飲んだりしながら，彼らの町の現状や直面する問題を率直に話し合ったりする。彼らは第一に，周辺の自然環境

を含めた自分たちの暮らす地域に対して深い愛着をもっている。次に，歩くことに対する熱意があり，歩く人を迎え入れることで町を元気にすることの意味を実感している。そして，それを WaW 活動の生んだつながりを通して着実に実現しようとしている。

③ 地域やコミュニティに対する奉仕精神

　WaW 活動を展開するメンバーは，歩くことを奨励する活動をしているだけではない。彼らの多くは，チェプストウの WaW メンバーのようにボランティアでフットパスの維持管理を行ったり，町からゴミをなくす活動をしたり，町の所有する庭園や鉢植えにハーブを植える活動をしたり，ウィンチコムのメンバーのようにコッツウォルド石の石垣の修復を行うなどの異なる活動にも取り組んでいる。また，ヘブデン・ブリッジのメンバーは，より良い地域づくりを目指す別の住民グループで委員長をしていたり，長距離フットパスの維持管理をするグループに参加していたりする。他の WaW タウンには，コミュニティのミニバスをボランティアで運転したり，町村の祭りやイベントの運営に携わっている人々もいる。

　このように，WaW 活動以前から自身が地域で取り組んでいる活動を継続，あるいは他の社会的活動を WaW 活動と並行して行う人々が多い。フットパスの維持管理や社会的活動，地域づくりなど，彼らは自ら積極的に地域やコミュニティと関わろうとする人々である。その基底には，自分の住む地域をより良くするために自ら行動しようとする自立的な強いボランティア精神やチャリティ精神のような奉仕精神が存在している。

　英国におけるフットパスと地域活性化は，フットパスを活用した地域振興を目的とする行政と，それを意識せずに多様な社会的活動を行っていた熱意ある住民の活動がうまく融合したといえるのではないだろうか。自分たちなりに活動を続けたら，結果的に地域が活性化した，ということかもしれない。しかし，前提として彼らの中にコミュニティに対する強い自立的な奉仕精神がある。そして，彼らの周りには豊かな自然・文化的環境に恵まれたフットパスの存在があることは言うまでもない。

3.2. 農家・地主との関係

① 農家との関係

　フットパスを歩いていると，牧草地や畑などのアクセス可能なオープンスペースを通ることがある（写真2-18）。そもそもフットパスのある場所は，放牧地が40％，耕地が20％，森林地が13％，混合農地が7％，湿地が2％である（平松 1999：154）。ウォーカーにとっては広い空間を歩く開放感があり，作物や家畜を見る機会にもなる。しかし，農家にとっては，ウォーカーが牧草地や農地を頻繁に歩くことは決して安心できることではない。牧草地を通るウォーカーは家畜の刺激になりやすく，とくに春先の繁殖時など家畜が敏感な時期には影響が大きい。また，穀物や野菜などの農地がウォーカーに踏み荒らされたり，ゴミが捨てられたりすることもある。そのため，ウォーカーが来ることを快く思わない農家は一般的に多い。

　1980年代には，畑のフットパスを歩いていて農家の人に「出て行け」と怒鳴られ，狩猟銃を向けられることも少なからずあったという（平松 1999：156）。そのころから農林省やカントリーサイド委員会，ウォーキング団体が様々なパンフレットを作り，農家に「歩く権利」を尊重するよう啓蒙し，農家民宿や観光収入が農村の経済や活性化にとって必要だと訴えてきた（平松 1999：157）。2023年現在は，ウォーカーに銃口を向けるような過激な行動にでる農家はほとんどいない。しかし，1990年代末に平松が見たようなフットパスに入るゲート

写真 2-18　麦畑を通るフットパス

写真 2-19　セント・ドグミールズ近くの海岸　写真 2-20　フェンスにつけられた注意書き
　　　　　線「ウォーカーが歓迎されない場
　　　　　所」

やスタイルが作物や雑草に囲まれて，ワイヤーや鍵がつけられたままの状態は，
現在でも異なる地域で時折見られ，違法な「立ち入り禁止」の看板やフットパス
に沿う生け垣の破壊もいまだ存在している。

　ナショナル・トレイルのように公式にフットパスを長距離にわたってつなげ
る場合でも，自らの土地にウォーカーが入ることに激しく反対する農家がいる。
例えば，2018年に筆者が訪れたウェールズ西部の WaW タウン，セント・ドグ
ミールズ（St Dogmaels）に近い海岸線の農地には，「ここにパブリック・フッ
トパスは通っていません」の注意書きの看板とともに高さのあるフェンスに有
刺鉄線が張り巡らされていた（写真 2-19，2-20）。その土地の所有者で家畜を放
牧している農家がナショナル・トレイルの「ペンブロックシャー海岸パス」
（Pembrokeshire Coast Path）に反対し，12万ポンドをかけてフェンスを立て，
彼の土地を人々が歩かないようにしたのだという。そのため，その部分はナ
ショナル・トレイルが途切れており，ウォーカーは迂回するしかない。セン
ト・ドグミールズの WaW グループの交渉の甲斐なく，同トレイルで唯一の
「ウォーカーが歓迎されない」（Walkers are not Welcome）場所だと話していた。
　しかし，こうした農家の意図的な反対行動は，畜産や牧羊をはじめ，穀物や
農作物の栽培を行う農家の厳しい現状の裏返しでもある。スコットランドや
ウェールズでは，農家はとくに状況が切迫している場合が多い。スコットラン

ド南東部の町メルローズ（Melrose）で32年前まで農家をしていた民宿経営者は，政府の農家への規制が多すぎ，羊の毛刈りも賃金が少なく農業のみで生計を立てることが難しかったと話す。グラスゴーからほど近い町キルサイス（Kilsyth）では，3千頭の羊を所有する農家が副業として20年以上前から農家民宿を営んでいる。農家の中には民宿を兼業する人も少なくない。一方，南部のニュートン・スチュアート（Newton Stewart）で農家を営む WaW メンバーの女性は，乳牛などを飼育する大規模農家は経営が困難だが，適度な規模の農家はなんとかやっていけると言う。同町とその周辺地域は貧しいことで知られているが，丘を登ってもほとんど人に出会わないため，農家にとってはストレスが少なく，この地域のフットパスで農家がウォーカーに反対する事例はないという。

　ウェールズ東部のタルガース（Talgarth）は，現在も週1回，家畜市が開催され，周辺に農家の多い町である。同町の WaW メンバーでウェールズ自然資源局（Natural Resources of Wales）の元環境職員の男性は，ウェールズでは，平均すると3万軒の農家の90%が EU の補助金を受け，5千から6千軒が農業を維持できないという。彼は，同地域で数百年続く一族で，現在は農地を貸していることもあり，多くの地元農家を知っている。彼らは，農業だけで生計を立てることは難しく，ほとんどは建設業や羊の毛刈りを他の地域でも行なわなければならないという。

　2002年には，口蹄疫問題でカントリーサイドが封鎖され，英国全土で農家は大きな打撃を受けた。それ以降，周辺の村々とさらに協力するようになった WaW 町村も多い。行政もレクリエーションと観光によるカントリーサイド復興策を実施した。ウォーカーを再び誘致して農家や農村の回復を目指し，村々を歩いてつなぐ道を設けた地域もある。

　2015年にロス（Ross-on-Wye）で開催された会議には，ロス WaW と町長の主催で地元農家の代表とフットパスに関係する行政や多様な団体，個人が集まった。そこで，農家がフットパスに反対する様々な理由について説明があり，それを受けて WaW 代表がウォーキング・グループの決まりやマナーについて話した。WaW グループは，フットパスに反対する農家と必ずしも対立してい

るわけではなく，双方により良いあり方を模索する姿勢を示した。

　このように，全国のWaW活動と農家の関係は，簡単ではない。しかし，その関係で前向きな点は，スコットランドとウェールズで農家がWaW活動のメンバーに入っていることである。スコットランドのニュートン・スチュアートでは活動メンバーに2軒の農家が参加しており，農家の視点で活動を促進でき，農家の都合でフットパスに変更が生じた際にはウォーカー向けにパンフレットも作成した。そもそもウォーカーが少ないエリアがスコットランドには多く，歩くエリアがいわゆる「アクセス・ランド」[9]の場合も多い。広大なエリアを歩くため，ウォーカーに対してそんなに心配する必要がないという。もちろん，WaW活動に参加している農家も立場は様々だ。ニュートン・スチュアートの場合は，ウォーカー側の農家と農家側の主張を重視する農家に分かれており，農家の現状を議論して確認しながら，それぞれのやり方でWaW活動を行っている。

　ウェールズのタルガースでも農家に農地を貸す地主が活動メンバーの1人であることから，農家の現状を把握した上でフットパスのルートを提案でき，ガイドウォークで地域の農家の歴史や暮らしなどを説明できるという利点がある。もちろん，英国どこでも，歩くことが好きな農家はウォーカーに好意的であり，とくにそのような農家が営む農家民宿では，地元の良いルートを親切に教えてくれる。

② 地主との関係

　城や領主の館であるカントリー・ハウスなどは，その周辺に広大な敷地があり，フットパスが通っている場合が多い。城などの建造物に入るさいには入場料を払うが，その周辺の土地を通るフットパスは自由に歩ける。その建造物が個人所有の場合でも，ナショナル・トラスト（National Trust）のような団体が所有している場合でも，さらに改装されホテルとして開業している場合でも，それらのフットパスはだれでも自由に歩ける。そのため，WaWグループはそういった地主とも友好的な関係を築くことが重要になる。

　ウィンチコムのスーダリー城は個人所有だが，城を含めた敷地の管理運営は

82

写真 2-21 王室所有地のフットパスで話す WaW メンバーとレンジャー

エージェントに任されている。最近では，スーダリー城の経営戦略として城の入口の外側にビジター・センターを建設し，商品や地図などを未入場者に向けて販売している。また，ウォーカーに対して通りやすいように橋を作る計画もしている。ウィンチコム WaW は，長年，ウィンチコムの訪問者の多くがスーダリー城のみ訪れ，町を散策したりフットパスを歩いたりしないことを課題にしていた。そのため，スーダリー城のエージェントと連絡をとり，理解と協力を得るために働きかけていた。

　また，エクスモア（Exmoor）国立公園内に位置するダンスター（Dunster）のWaW グループは，近くの王室所有地（Crown Estate）とそのレンジャー（ranger）とも連携している（写真 2-21）。同所有地のほとんどのフットパスは土地所有者が許可したフットパス（permissive path or permitted path）だが，その森に英国最長のメタセコイヤが生息するなど自然豊かなことで知られており，人々が訪れている。国立公園のような公的な自然保護地域との連携については次節で述べる。

　個人所有の住宅地についても，その庭先にフットパスがあり，ウォーキング・グループが通ることが多い場合には，WaW グループはウォーカーに静かにするように促すだけでなく，その所有者と良好な関係を保てるように普段から連絡をとったり，会合に招待したりしている。その敷地内でのフットパスの移動に関しても，WaW メンバーが行政手続きの相談に乗り，通行権（Rights of Way）担当職員に話をつなげて一緒に考えることもある。

　また，フットパスの通る土地の所有者がその土地を開発業者に売却したことで，地主が開発業者という場合もある。その場合は，WaW グループは，日常的に地域を歩くウォーキング・グループの報告をランブラーズ協会の地域メンバーに連絡し，行政に報告するなどしてフットパスの状態を最善に保つために公的に開発業者に交渉してもらう。例えば，開発業者が無申請で，フットパスの通る開発用地をフェンスで取り囲み，入れないようにしたり，開発途中でフットパスを消滅させたり，そのルートを変更していたりする場合などである。

　ウィンチコム近くのビショップス・クリーブ（Bishop's Cleeve）の新しい開発用地は，フェンスで取り囲まれたため，人々がフェンスを曲げてフットパスを通行していた。しかし，フェンスの終わりにフットパスの出口が作れなかった。そのため，ランブラーズ協会の地域メンバーが開発業者と交渉したが，開発業者はフットパスが通っていることを知らなかったと回答し，適切な工事を行わなかった。そこで，ランブラーズ協会のメンバーは，出口部分のフェンスの釘を抜き，フェンスを開いてフットパスのための出口を作った。

　一方で，ウィンチコムの街中の開発用地では，パブリック・フットパスではないが，人々が通り道として使っているフットパスが自然とできていた。WaW グループはそれらのフットパスの整備を行い，人々が歩いている道を保つようにしているという。このように，まだパブリック・フットパスでない場合は，ランブラーズ協会やコッツウォルド・ボランティア協会は支援することが難しい。しかし，人々が歩く道として使っていることで，その道の整備を支援することは，地域活性化を目的にウォーキング・ルートを考える WaW グループの活動としては十分に適用される。ランブラーズ協会などフットパスに関わる他の団体は，地域活性化やコミュニティづくりが活動の視野に入っていないことが多い。その意味で，WaW 活動は，地主や開発業者との関係も含めた可動域の広い取り組みといえる。

3.3. 自然保護地域との連携

　これまで WaW タウン内部に公式・非公式な形で協働の仕組みがネットワー

クのように生まれており，より広範囲でのWaW活動ではWaWタウン同士をつなげる連携があることについて述べてきた。ここでは，WaWタウンと国立公園やAONBにおける広域の面的な連携について考える(10)。

① 国立公園やAONBとWaWタウン

　2019年7月現在，国立公園内部，近接（公園境界線の外5km未満），近隣（公園境界線から5km以上10km以内）に位置するWaWタウンは合計25カ所あり，AONBではそれらは39カ所ある。英国全土に105カ所（2019年7月現在）存在するWaWタウンのうち約3分の2が，自然保護地域内部や近い距離に位置していることになる（表2-2）。自然保護地域は，その豊かな自然環境ゆえにフットパスが数多く存在し，ナショナル・トレイルが通っている場合も多い。

　また，英国の国立公園やAONBは，その内部に人々が居住し生産活動を行っている。英国全土に15ヶ所ある国立公園は，公園ごとの国立公園庁（National Park Authority: NPA）が管轄している。NPAは，住宅などの土地利用計画の策定権限と開発許可権限をもっており，その意味で自治的な権限があるといえる。国立公園がほぼ1つの行政体に占められている場合は，行政とNPA，さらにナショナル・トレイルなどが役割分担しながら，うまくフットパスを維持管理，活用している。そのため，WaWグループは，公式・非公式でそれらの関係諸団体をつなぐような媒介役になっている。しかし，国立公園が複数の行政体にまたがる場合は，以下の事例に述べるように，フットパスの維持管理，活用の状況はやや複雑になり，他の地域とも異なるため，WaWタ

表2-2　自然保護地域とWaWタウンの位置関係（2019年7月現在）

	内部	近接	近隣	合計
国立公園	6	16	3	25
AONB	13	20	6	39
合計	19	36	9	64

（数字はWaWタウンの数）

注）「近接」は国立公園までの距離が5km未満。
　　「近隣」は国立公園までの距離が5km以上10km以内。

ウンも柔軟な対応が必要になる。

　一方で，AONB を管轄する保全局（Conservation Board）には，NPA のような権限はなく，そのため国立公園と比べると保全には限界がある。AONB 内のそうした権限は地方行政にあるからだ。また，英国全土に46カ所あるAONB は大小様々で，保全局があるところとないところがあり，地域によって管理組織が異なる。近年 AONB では予算不足が常に問題となっており，限られた予算で AONB を管理することが求められる。その意味でも AONB では，より一層パートナーシップによる協働的管理が重要とされる。AONB 内の WaW タウンも，多様な関係を構築して対応することが必要になってくる。AONB には，ナショナル・トレイルを含む合計 1 万2000マイル（1 万9200km）のフットパスと乗馬道のブライドル・ウェイがある。WaW タウンは，AONBの保全局またはそれに相当する組織団体と行政だけでなく，フットパスを実際に維持管理しているボランティア団体やナショナル・トレイルの管理団体とも連携をはかっている。

　実際，WaW タウンと自然保護地域の協力体制や関わり方は，各自然保護地域の環境や運営形態，その地域の行政体によって地域ごとに異なり，公的なものとして全国一律に存在しているものではない。そこで次に，WaW タウンと自然保護地域との連携のあり方について国立公園内の具体例から考える。

② ピーク・ディストリクト国立公園の事例

　イングランド北部に位置するピーク・ディストリクト（Peak District）国立公園は，1951年に英国で最初の国立公園に指定され，レイク・ディストリクト（Lake District）国立公園と同じく中核的な公園であり，他の国立公園よりも先進的な政策を実現している。公園の面積は約1438km^{2}で，公園北部はダーク・ピークと呼ばれ，標高636m のキンダー・スコット（Kinder Scout）を最高地点とする丘陵台地にヒースや湿地からなるムーアの荒野が広がる。南部は，石灰岩の地質で，石垣に囲まれた農地や牧草地が続くホワイト・ピーク，サウスウェスト・ピークと呼ばれる地域が広がる。

　『ピーク・ディストリクト国立公園マネジメント計画2018-23』によると，同

公園には，年間1200万人以上が訪れる。公園内には1965年に指定された最初の
ナショナル・トレイル「ペナン・ウェイ」が南北に通っており，公園内のフッ
トパスは計2080km 以上に及ぶ。公園内の人口は約 3 万8000人で，行政州とし
てはダービシャー，ヨークシャー，スタフォードシャー，チェシャーの 4 つの
州にまたがっている。ピーク・ディストリクト NPA の委員会は11の地域行政
から代表が集まり形成している。

　フットパスの維持管理については NPA の職員が関わるが，観光政策につい
ては各行政州の観光課が担当しているため，国立公園として共通の観光政策が
あるわけではない。ただし，シェフィールドやマンチェスターなどの都市が同
公園から車で30分から 1 時間圏内にあることで，それらの都市からの訪問客が
多い。その意味で同 NPA は人種や年齢など多様な人々の公園利用をとくに促
進している。

　ピーク・ディストリクト NPA では，1 人の職員がアクセス担当職員
（Access officer）と通行権担当職員の役割を兼任して，国立公園内のフットパス
の維持管理を担っている。エリア・アクセスは，フットパスのような線状のア
クセスとは異なり，アクセス・ランドのいかなる制限も管理し，同時にアクセ
ス・ランドを楽しむ機会の促進をすることである。この国立公園の 3 分の 1 以
上がアクセス・ランドであるため，公園内の自然や野生の美しさと文化遺産を
保全することが第一目的で，アクセス・ランドに行く人々が環境に影響を与え
ないように管理するという。レクリエーションの観点では，アクセスしやすい
「何マイルもスタイル（踏み段）のない道」（‘Miles Without Stiles’）のような
ウォーキング・ルートを促進するために，コミュニティと密接に関わりながら
活動するという。そのさいに WaW グループと連絡を取り合って最適なルート
を決定している。

　通行権担当職員としての役割は，他の場所の同職員と同じで，道路の管轄行
政とともに法的権利を明確化し，さらにその道の利用権を取り下げるための法
的プロセスをとることもできる。また，NPA は土地利用計画の策定権限と開
発許可権限を有するため，フットパスのインフラを改善するために，土地所有
者と相談しながら取り組んだり，フットパスのルートを変更すべきか検討した

りもする。14のエリアに分けられた同国立公園の各地に配置されているレンジャーが現地でその業務にあたる。レンジャーは，地域コミュニティと NPA をつなぐ役割をもち，フットパスを実際に現地で維持管理し，訪問者にサービスを提供するという業務を行っている。同国立公園内の WaW タウンがまず連絡を取るのは，これらのレンジャーになる。

　同公園内の WaW の村であるブラッドフィールド（Bradfield）は，人口5000人だが，面積は8030㎢で，イングランドで最大の行政区（civil parish）である。同行政区は，多くの村や集落を含み，160km を超えるフットパスがそれらの村々や史跡などをつなげている。同村は，公園の中でもシェフィールドにより近い位置にあるため，シェフィールドと連動したウォーキング・イベントや活動も多い[11]。

　2019年8月現在，ブラッドフィールドの WaW グループのメンバーは8人で，シェフィールドやこの地域出身者が多い。グループの事務局を担当する男性は，シェフィールド出身で，ブラッドフィールド隣村のストックスブリッジ WaW の委員長もしており，かつシェフィールドのローカル・フォーラムにも参加しているため，この地域を広域的に把握し地域づくりに関わっている。また，シェフィールド元市長もブラッドフィールド WaW のメンバーのため，行政対応やシェフィールド市との連携などもしやすい。さらに，グループの現委員長は元 NPA レンジャーなので，ブラッドフィールド周辺地域のフットパスの状況を把握しており，フットパスの維持管理についての NPA の取り組み方や決定方法も理解しているため，とても活動しやすいとメンバーは言う。例えば，実際にフットパスに関わる問題をレンジャーと相談して行動に移し，問題を解決してから NPA に報告し費用を申請するなど，WaW 活動をすばやく展開できるという。

　ブラッドフィールドの WaW グループは，地元のパブや商店，ビール醸造所などの6つのスポンサーをもつ。WaW メンバーは，ウォーカーを含め，観光客が来ることでパブや商店などを維持できていることがこの地域での WaW 活動において重要だと話す。さらに，グループはそれらの商店の活性化や住民の増加も目的にしているので，公園内の開発問題にも敏感である。

　同 NPA のコミュニティ政策計画担当職員によると，同公園でもロンドンや周辺の都市から退職者が移住してきたことで，公園内の住宅価格が高騰し，公園内の低所得者や若者の住宅取得が困難になっているという。若者は生まれ育った土地を離れて公園外へ移住し，公園内の集落の人口が高齢化している。NPA は開発に関して自治的な権限を有しているが，都市部からの移住者の増加による住宅の高騰，既存の住宅の別荘化やホリデー・コテッジへの転用は制限するのが難しく，コミュニティの空洞化を招いている[12]。

　ピーク・ディストリクト国立公園では，他の国立公園と比べると訪問客誘致や開発に対する先進的で異なる取り組みが見られる。そのため，ブラッドフィールド WaW は，公園内の開発問題を注視しながら，NPA のアクセス・通行権担当職員，コミュニティ政策計画担当職員，レンジャーらと連携し，コミュニティを基盤にした活動を展開している。このように，国立公園内のWaW タウンでは，宅地建設などの開発問題がコミュニティを維持する上で重要であるため，WaW 活動においても，開発問題に注目しながら，多様な関係諸機関や団体と情報交換して連携する必要がある。

4 「歩く観光」を支える仕組み

　ここでは，英国の「歩く観光」において旅行会社や宿泊施設などの観光産業がどのようにフットパスやウォーカーと関わっているのか，そしてそれがどのように WaW 活動や地域活性化につながっているのか，「歩く観光」を支える仕組みについて具体的に明らかにする[13]。

4.1. ウォーキング旅行会社

　英国にはウォーキングを専門に扱う旅行会社が数多くある。ここでは WaW活動に関わっており，着地型のものと他地域も斡旋する発地型に近いサービスを提供している事例を取りあげる。

① 着地型ウォーキング旅行の提供

　イングランド南西部のコッツウォルズ地域北部の村ハニーボーン
(Honeybourne) には，コッツウォルド・ウォークス (Cotswold Walks) という，
ウォーキング旅行を外国人旅行者向けに斡旋する会社がある。コッツウォルズ
地域は，AONB に指定されている丘陵地帯で，ナショナル・トレイルである
全長160km の「コッツウォルド・ウェイ」が南北に通る。この地域には，145
の小さな町村が点在し，村々をめぐるフットパスや各町村の周辺を歩くものな
ど，「コッツウォルド・ウェイ」以外も比較的平坦で歩きやすく，眺望の良い
フットパスが多いのが特徴である。

　同社の顧客は，30％がヨーロッパの旅行代理店が占め，ドイツ，オランダ，
スウェーデン，デンマークが多いという。70％から80％はアメリカとカナダの
旅行代理店によるパッケージツアーで，3％から5％が日本からの旅行者であ
る。アメリカの旅行代理店には値引きし，ヨーロッパの旅行代理店には特別な
予約を代行している。

　基本的に顧客自身がガイドするセルフ・ガイド (self-guided) でのウォーキ
ング旅行を提供している。つまり，宿泊施設と朝食は手配するが，交通につい
ては自身で予約してもらうというスタイルである。日数や推奨するものによる
が，コッツウォルズ地域を顧客にカスタマイズする，コッツウォルド・リンク
(Cotswold Link) という6日間または3，4日間のウォーキング旅行を提供し
ている。同地域の町村を周遊し，宿泊しながら歩くもので，企画側がフットパ
スのルートに精通しているからこそ可能になる。歩くさいには，地域専門の
ウォーキング・ガイドをつけることもできる。そのガイドとしてウィンチコム
の WaW グループの活動メンバーが働いている。そのため，同社は WaW 活動
への理解があり，そうしたウォーカーの誘致による地域活性化に協力的でもあ
る。また，外国人旅行者向けの宿泊施設を斡旋するため，地域の民宿やホテル
などとのネットワークも構築している。

　次項で述べるが，WaW タウンの小規模ホテルで着地型ウォーキング旅行を
提供しているところもある。

② 着地型・発地型ウォーキング旅行の提供

　スコットランド南東部のスコティッシュ・ボーダーズに位置する町メルローズにあるウォーキング旅行会社は，交通と宿泊施設の手配を行う。基本的にはセルフ・ガイドのスタイルをとっているが，大きなグループになると迎えに行ってウォーキングを引率するという。人口3千人の町メルローズは，ローマ時代のスコットランド首都という歴史があり，メルローズ修道院跡と町並みの美しさからスコットランドでも有名な観光地である。一方で，その周辺にはエイルドンの丘や鮭釣りで有名なトィード川があるため，フットパスには起伏がありスコットランドの自然を楽しめる。このあたりのフットパスを歩く人は少なく，観光客で賑わう町の中心からはずれてフットパスに入ると静かで歩きやすい。

　同会社の経営者は，メルローズの WaW グループの活動メンバーではないが，WaW グループのウェブサイトを担当しており，自身も地域のフットパスとウォーキングに精通している。彼は，仕事上，メルローズを含む周辺地域の1つのルートに顧客の荷物輸送システムを作ったが，他のルートでは他のウォーキング旅行会社がそれを行っているという。14から17のウォーキング旅行会社が広域で営業しているという。ウェブサイトで，メルローズの着地型ウォーキング旅行を手配し，さらに周辺地域やメルローズから離れた地域のウォーキング旅行についても請け負う。そのように着地型と発地型の両方を行っているウォーキング旅行会社は少なくないという。

4.2. ウォーカーが利用する宿泊施設

　ここでは，各地の WaW タウンでウォーカーが利用している宿泊施設について事例を挙げながら述べる。

① ホテル

　各地の WaW タウンで，ウォーカーを積極的に受け入れているのは小規模ホテルが多い。サマセット州の村ダンスターでは，WaW グループの活動メンバーがホテルを経営している。そのホテルは客室数28で同村では最大規模であ

る。春から夏にかけてホテル主催の着地型ウォーキング旅行を実施して宿泊客を誘致している。ヒースロー空港やダンスターの最寄り駅までの送迎もホテルが行う。そのウォーキング旅行は，ダンスター周辺の村々をめぐって歩いたり，海岸沿いのフットパスを歩いたりというエクスモア国立公園の多様な自然を体感するものである。それは，WaW グループとして周辺町村や国立公園スタッフとのつながりがあるからこそ充実する内容である。

先述したコッツウォルズ地域の町ウィンチコムのイン（inn）は，客室数11で，計22人まで収容可能である（写真 2-14, 2-15）。WaW ステッカーをホテル玄関の窓に貼付しているだけでなく，11部屋のうち最上階の 3 部屋についてはウォーカー向けに宿泊料金を割引設定している。5 月から10月までの宿泊客の大半はウォーカーで，宿泊客は世界中からやってくるという。同町には宿泊施設が少ないため，この小規模ホテルはウォーキング・グループにとって全員が泊まれる唯一のホテルとなる。2015年 8 月には，日本のウォーキング・グループが翌年 5 月に 6 部屋の宿泊予約を入れたほどである。

② 民宿

民宿（Bed & Breakfast）は，小規模ホテルに次ぐ価格帯の宿泊施設である。インの中には民宿と同じような価格のものもあるが，民家ではない。ここでは，WaW タウンでウォーカーがよく利用する一般的な民宿と農家民宿を取り上げる。

WaW 活動発祥の地ヘブデン・ブリッジは，近くにナショナル・トレイルの「ペナン・ウェイ」があり，多くのウォーカーが訪れる。この町の WaW グループが紹介している民宿は，朝食付きで 1 泊 1 部屋45ポンドというリーズナブルな価格である。町の中心から近く，すぐ隣には綿布工場の建物をホテルに利用した高級なペントハウスがある立地を考えるとかなり良心的である。宿主は，ヘブデン・ブリッジに30年以上住む女性で，築200年のその家は家族で暮らしてきた建物だが，子どもたちが独立したので，2008年に民宿を始めたという。廊下には冷蔵庫と電子レンジが設置されており，各階には 2 部屋ずつあり，バスルームは共用である。数日から 1 週間以上滞在するには快適な施設である。

この民宿には多くのウォーカーやサイクリストが世界中からやってくる。宿泊客が残した宿帳には多くのメッセージが残されており、彼らから親しまれた宿であることがわかる。

　スコットランドのメルローズにある民宿は、町の中心部にあるが1泊40ポンドと良心的な価格で、シングル・ルームもあり、計9人宿泊可能な施設である。メルローズの WaW グループが紹介している宿で、世界中から来る多くのウォーカーが宿泊する。ウォーカーに人気だという長距離フットパス「聖キャスバート・ウェイ」(St. Cathburt Way) が近くにあり、朝食時などに宿泊客同士で情報交換ができる。宿主の男性は、32年間（2017年現在）、民宿を経営しており、かつては同町で農家をしていたが、農業で生計を立てることが困難になり、民宿を開業したという。

　次に、農家民宿の例を挙げる。スコットランド北部の町キルサイスにある農家民宿は1泊30ポンドで、町の中心からやや離れた丘の上にある。宿主は、23年間（2017年現在）、民宿を経営している女性で、開業当時の1994年には彼女の4人の子のうち末娘が8歳だったという。現在、その末娘が2人の子供をもち、近くに住んでいるため、民宿の手伝いにきている。農家として91年続いているその家では、夫が3000匹の羊を飼って農業を続けている。宿主は、宿泊客の朝食の支度だけでなく、ボランティアでホスピスに行ったり、家の芝刈りなどもこなす。キルサイスの WaW グループが紹介しているこの農家民宿は、農家の歴史を感じさせる家と良心的で温かいサービスを提供している（写真 2-22, 2-23, 2-24）。

　イングランドのオーバー・ストウェイ (Over Stowey) の農家民宿は、同村の WaW グループの活動メンバーが経営している。24年間（2016年現在）、同村に暮らしている宿主の夫婦は、ウォーキング好きで、子どもたちが成長したため、農業を営みながら民宿経営をしてきた。農家民宿は、副収入として始める場合が多い。同農家民宿は、隣村ネザー・ストウェイ (Nether Stowey) で民宿を営む WaW メンバーから宿泊客を回してもらうなど、彼らの間で互いに協力してウォーカー誘致につとめている。農家民宿はそもそも農家であるため、町の中心部から離れていることが多い。牧草地や家畜、農業など自然を感じなが

写真 2-22　キルサイスの農家民宿

写真 2-23　同民宿の食堂

写真 2-24　同農家で行われた羊の移動

　ら過ごすことができる。宿泊客は車でアクセスする必要があるだろうが，歩い
て宿泊場所まで来るウォーカーにとって，農家民宿は彼らの靴についた土や泥
を心配する必要なく受け入れてくれる宿泊施設でもある。

　また，ウォーカーが多く泊まる民宿では，ウォーカーの荷物を次の宿泊施設
に運ぶサービスをしているところも多い。一度に40〜50マイル（64〜80km）を
約12ポンド（1800円：1ポンド150円換算）で運ぶという。荷物の移動はそれ
を専門に行う会社もあるが，すべてのフットパス・ルートにあるわけではない。
宿泊客であるウォーカーの荷物の移動を民宿に頼むことは，民宿の経営にとっ
ては追加収入となる。ウォーキング旅行会社などは，こうした側面を活用して
民宿と連携して顧客の荷物を運ぶことが多い。さらに，宿泊客であるウォー
カーが歩き終わった地点に車で迎えに行き，次の宿泊先まで運ぶサービスをす
る民宿も多い。

③　ユースホステル

　民宿よりも安い価格の宿泊施設として，ユースホステルがある。各地にあるためウォーカーには利用しやすい施設である。多くの場合，ユースホステルは町はずれにあるが，ウェールズのチェプストウには，町中心部にある歴史的建築物を修復し内部を改装したユースホステルが2017年に開業した。ほとんどがドミトリー形式の部屋でシャワーは共用だが，民宿のようなシャワー付きの個室も数部屋ある。

　同ユースホステルは，チェプストウのWaWグループが推薦しており，経営者もWaW活動に理解がある。長い年月をかけて歴史的建築物を修復しながらユースホステル向けに改装していたため，町ではWaW活動を積極的に支援し協力する行政からもWaWグループからもその開業が注目されていた。さらに，WaWグループと連携しているタウン・ガイドが経営者の友人ということもあり，地元のネットワークを活かした宿泊施設経営を展開している。

④　ホリデー・コテッジ

　ホリデー・コテッジ（holiday cottage）は，自炊ができる貸し別荘のような住宅で，最低3泊から1週間単位で貸し出すものが多い。ウィンチコムで10年以上ホリデー・コテッジを貸している夫婦は，ウィンチコムWaWグループとWaWのウェブサイトを通して広報し，WaW活動にも協力的である。同コテッジは，ナショナル・トレイルである「コッツウォルド・ウェイ」のルート上にあり，歴史的な建物でもあるコテッジが並ぶその通りは，ウィンチコムで美しい通りの一つと言われているという。

　同コテッジは，ウォーカー歓迎のWaWステッカーを窓に貼付している。そのステッカーを見て家のドアをたたくウォーカーも多いという。宿主は，ウィンチコムがWaWタウンになってからコテッジの貸し出しが増えたと話し，宿泊客には必ずウィンチコムがWaWタウンであることや周辺のウォーキング・ルートについて話すという。ダブルベッド2台で4人収容可能な宿だが，稼働率は年70％と高い。シーズンオフ時は1週間の貸し出しで1日99ポンドである。

　近年，英国では犬を連れて旅行したり，ウォーキングをしたりする人が増え

ているので，ホリデー・コテッジでは犬同伴の宿泊を認める'Dog Friendly'の傾向がみられる。このコテッジも50％の宿泊客が犬を連れてくるという。最近，このコテッジがある通りの3軒がホリデー・コテッジ向けに改築された。ホリデー・コテッジは，民宿よりも手軽にできる宿泊施設であり，カントリーサイドの観光地や高齢化が進むコミュニティでは，住民ではない外部の人々が住宅を買い取りホリデー・コテッジとして改装する数が増えている。

⑤ キャンプ場

　英国では，キャンピングカーで来てそのまま泊まれる場所と施設があるキャンプ場（camp and caravan site）は，1泊15ポンドほどで自由に過ごせるため，幅広い年齢層の人々に人気がある。全国組織のクラブもあり，キャンプ場は英国内に115カ所ある。ウォーカーもキャンピングカーでやって来てキャンプ場に駐車し，キャンピングカーに寝泊まりしながら周辺のフットパスを歩くことも多い。

　サマセット州の村ウィバリスコム（Wiveliscombe）のキャンプ場は，町の中心から少し離れた牧草地にあり，共用のシャワー設備や冷蔵庫，地域の情報コーナーもある。キャンピングカーで来ている人々もいれば普通の自家用車で来ている人々もいる。

　ウィンチコムに近い町ブロードウェイ（Broadway）のはずれにあるキャンプ場は，受付にスタッフが常駐し，簡易な共用設備がある。施設スタッフによると，ウィンチコムがWaWタウンになり，WaWグループが広報したおかげで，より多くの人が同キャンプ場を利用するようになり，ウォーキング地図もより多く売れるようになったという。

4.3. ウォーカーとコミュニティが活用するパブ

　ここでは，パブ（パブリック・ハウス，public house）とウォーカーの関係，さらにパブとコミュニティの関係について述べる。

① 多彩なビジネスを展開

　パブは，地ビールなどの飲み物や料理を提供する居酒屋兼レストランである。さらに，カントリーサイドにおいては，パブは各町村に1軒以上ある。英国ではウォーカーにとって最も馴染みのある休憩場所である。パブは，カントリーサイドでは宿泊施設でもあり，民宿に近い価格から泊まれるカジュアルな宿である。とくに，長距離フットパスを数週間かけて歩くウォーカーにとっては途中の小さな町村で泊まることができる数少ない宿でもある。

　一方で，地元住民にとっては，パブは単なる居酒屋としてだけではなく，家族や友人と食事をする場所であり，地域で所属する多様なグループや仕事仲間，近所の顔なじみが集まる親しみのある場所である。そのため，パブは地域住民とウォーカーとの交流を生む空間でもある。

　WaW タウンではないが，コッツウォルズ地域北部の町チッピング・カムデン（Chipping Campden）のパブでは，ウォーカーなどの荷物運搬業を地域内のビジネスとして立ち上げた。この町は，「コッツウォルド・ウェイ」のスタート地点であり，文化財密度が国内第2位という歴史的建築物が多い町並みのため観光客も多く訪れる。現在，同パブは年間に1万5000個から1万7000個の顧客の荷物をコッツウォルズ地域内の宿泊施設へ運んでいるという。この荷物運搬業が成り立つ背景には，同パブが古くから地域に根づき，地域内にネットワークがあるからこそ可能なビジネスである一方で，地域内でウォーカーが増加している状況がある。前述したコッツウォルズ地域のウォーキング旅行会社は，このパブの荷物運搬ビジネスも利用している。

② コミュニティ・パブ

　ウィバリスコムのパブでは，チャリティ・ウォークを実施している。同パブの30代の経営者は，同町の WaW グループの活動メンバーであり，彼と同じく熱心なウォーカーである同パブ料理長とともに，地域内のフットパスをくまなく歩いて回り，住民にあまり知られていない道を発見するなどして，地域に10マイル（16km）の新しいウォーキング・ルートを作ったという。さらに，短い距離で歩きやすい，子ども向けの3kmのウォーキング・ルートも開発した。

写真 2-25　自ら開発したウォーキング・ルートを説明するウィバリスコムのパブ経営者

これらをそれぞれチャリティ・ウォークとして参加者で歩くイベントを実施した（写真 2-25）。

　1回目のチャリティ・ウォークには40人が集まった。参加者は全員が地元住民であり，子ども向けのウォークでは子どもを含む家族連れが30人集まった。また，普段は夕方からパブにやって来る若者たちにも声をかけると，自分たちが知らない地元を知ることのできるウォークに若者18人が参加したという。一般的に，小さい子どもがいる家庭や若者は，ウォークに参加することやウォーキングに関わる機会が少ないが，このパブのイベントはそれらの年齢層の地元の人々をウォークに結びつけ，地域を知ってもらうことに成功した。

　このパブの経営者は，このほかにもビール祭りなどのコミュニティ行事やイベントをパブで開催している。パブという施設を利用してもらうだけでなく，こうした催しやウォークを通じてコミュニティの核として様々な年齢層の人々を結びつける役割を担いたいと考えていると話す。とくに，若い世代のための「コミュニティ・パブ」を目指しているという。

　パブには，その歴史や地域とのつながりから，こうした役割を担うことができる場合が多い。前述したチッピング・カムデンのパブもチャリティ・ランなどのコミュニティ・イベントを積極的に開催している。その意味で，チャリティ・ウォークを通して地域住民に歩いて地域を知ってもらう活動は，コミュニティの核としてのパブの役割に適しているといえるだろう。

5　WaW 全国組織の活動と課題

5.1. WaW UK ネットワーク

① ネットワークの目的と利点

　2018年，WaW の全国組織は「WaW UK ネットワーク」という名称の会社になった。この全国組織の理事会は，10人の理事で構成されており，年に 2 回実際に会って討議し，月に 1 回はビデオ会議をして案件について議論している。理事会メンバーは，各地の WaW タウンの代表者から選ばれ，会長，副会長，運営事務，会員事務，会計，メンター（mentor）調整などの役職がある。この組織の全国的なイベントとしては，毎年異なる WaW 市町村で開催される WaW の全国集会があり，ウォークだけでなく，講演やワークショップ，全国各地の WaW タウンの活動発表などが行われている。

　WaW UK ネットワークは，以下の 6 つの目的を掲げている。これらの目的は，本章の第 1 節で紹介した WaW タウン登録条件と呼応している。

> ① ウォーカーにとって魅力的な目的地にするために，その地域のウォークに関する最良の情報を提供。
> ② 地域の人々と訪問者に，地域内で最良のウォーキング機会を提供。
> ③ ウォーカーにとって，フットパスや施設がうまく維持，改良，標識されていることを保証。
> ④ 地域の観光計画と再生戦略に貢献。
> ⑤ ウォーキングによる健康効果促進，参加者の増加。
> ⑥ 公共交通機関の利用を奨励。

　最近では，WaW タウンに申請を考えている自治体からの問い合わせに応じて，WaW のウェブサイト上には，同ネットワークに参加する利点を「観光・経済的利点」と「フットパスの利点」の 2 つにまとめて明示している[(14)]。「観光・経済的利点」としては，「より多くの人々を町に呼ぶことができ，地域で

のウォークを楽しんでもらえる」。そして，訪れる人が増えることで，「地元の商店，民宿，ホテル，パブ，喫茶店，レストランなどに経済的利益がある」と書かれている。これらの点は，本章で述べてきたとおりである。また，「標識を整えて歩く，あるいはウォーキング・ガイドをつけることで，歩く目的地としての町の評判が高まる」や，同ネットワークに参加すると「ウォーカーが地元コミュニティから温かいもてなしを受けることを示せる」とあり，WaW タウンとしてのブランドが定着することでより一層訪れるウォーカーが増えることを示唆している。さらに，歩くだけでなく，「地元の観光名所への訪問を促進でき，町の経済再活性化と観光計画や戦略を引き立てる」ことができるという。

　次に「フットパスの利点」としては，「フットパスが通行可能な状態であることを地元の人々や訪問者に保証」でき，「地元行政や組織が効果的な協力体制のもとでフットパス（の維持・管理）に責任をもって WaW 活動を促進できる」点が大きい。具体的には，「新しいフットパスとウォーキング・グループの形成を助ける」ことができ，「地元のウォーキング・ガイドとともに標識の開発を奨励する」こともできるという。また，「歩くことと農村地域を訪れることによる健康効果の促進」という利点もある。さらに，フットパスを通した教育的効果として「地元の人々と訪問者に町と周辺環境の歴史，文化や生態的な多様性を学ぶ機会を与える」とある。そうすることで，「フットパスとウォーカーが使う施設を確実に良好な状態に保つ」ことができるという。

② メンター制度と地域集会

　WaW タウンとして認定登録され，WaW UK ネットワークに新しく参加した市町村には，登録前後から全国委員会の推薦するメンターと呼ばれる指導役が付けられる。メンターは，新しく WaW タウンに申請する市町村にほど近いWaW タウンのメンバーから選ばれる。メンターは 1 人につき平均2,3カ所を受け持っているという。全国で20人のメンターが，WaW タウンに新しく申請する市町村と一緒に認定過程に取り組む。

　このメンター制度によって，新しい WaW タウンは多様な問題点をメンター

に相談することができる。また，全国組織にとっては，WaW タウンの質が認定基準にふさわしい状況で保たれているかどうか把握しやすい。メンター制度は，イングランド全土を「地域」（region）に分けてその中で担当を決めて指導し，互いに連絡を取り合うことで，地域内で情報共有している。

　全国組織は，このような「地域」における利点の共有を確立するために，はじめての試みとして，2017年3月にイングランド北部の都市リーズ（Leeds）で，地域集会（Regional Get-together）を開催した。同地域の全27の WaW タウンのうち20の WaW タウンが参加した同集会は大成功し，いくつかの WaW タウンではグループイベントへの協力が始まったという。続いて，2018年6月には，ウェールズでも地域集会が開催された。ウェールズでは，地理的条件もあり，各地の WaW タウンが一堂に会する機会はこれまでなかった。とくに，西側と東側では，互いにどのような状況で活動をしているかわからなかったという。その中で，WaW タウンであることの利点について疑問視していた小さな WaW タウンが問題提起した。それに対して，他の WaW タウンが自分たちの経験からアドバイスし，やりとりが生まれたことで，実践的なノウハウや情報の共有が可能となった。ウェールズでは，翌年，イングランドとの境界に位置する WaW タウンを含めた地域集会も開催した。

5.2. これまでの成果と今後の課題

① 2017年全国 WaW 調査

　WaW UK ネットワークの全国委員会が，2017年に全国の WaW タウンに実施した調査（WaW National Survey 2017）は，全 WaW タウンの75.9％が回答し，WaW 組織のこの10年間の成果を示すものとなった。同委員会が集計した結果を以下にまとめた。

- 1200本のウォーキング・ルート（6342マイル）を作り，出版した。開発ルートの種類は，レクリエーション，歴史，家族・子供向け，健康，身障者アクセスである。
- バスや鉄道の使用を促進し，65％の出版物に公共交通の利用が含まれる。

●ウォーキング・ルートを維持し，多くの他の団体（地域行政，地元住民，他のウォーキング・グループ，ランブラーズ協会，国立公園，AONBなど）とともに，地域のフットパスと歩く権利の改良に取り組んでいる。

●維持管理内容としては，フットパスをクリアにする，ゲートやスタイルを設置・修理する，問題や課題を地域行政に報告する，ルート標識を設置する，ゴミ拾いをするなどである。

●29％のWaWタウンが，長距離トレイルの維持管理にも関わる。

●43％のWaWタウンが，ウォーキング・フェスティバルを開催している。資金は，行政，地元のスポンサー（団体，個人，商店），ウォーク費用，自己資金などから得ている。

● WaW HERE ステッカーは，宿泊施設，パブ，カフェ，商店，小売店，掲示板，行政オフィス，観光案内所，図書館などに表示している。

● WaW タウンの表明は，自ウェブサイト，WaW ステッカー，ソーシャル・メディア，新聞，出版物などで公示している。

● WaW の活動資金は，行政，その他の補助金，スポンサー，個人の寄付，パンフレットの売り上げ，地域のチャリティ団体，ウォーク費用などで賄っている。

　以上の結果をみると，WaW 結成から10年間，WaW の目的に沿った活動を具体的に実現してきたというだけでなく，新しいウォーキング・ルートを開発し，行政や住民団体，国立公園など他の様々な団体とともにフットパスを歩く環境の改善に取り組むなど，WaW 活動は各地で創造を続け，多様なつながりで発展してきたことがわかる。

　一方で，ウォーキング・フェスティバルについては，半分弱の WaW タウンしか開催していない。この点は，運営面や資金面で小さな町村あるいは小さな活動グループの限界なのかもしれない。

　ウェブサイトやソーシャル・メディアによる WaW タウンの表明は，現代の情報通信をうまく活用しているといえる。実際に WaW グループの開催したウォークや設定したウォーキング・ルートを歩いた人々が，ソーシャル・メ

ディアに書き込むことで，フットパスの改善点が明らかになり，活動の新たな可能性が見つかることもあるだろう。

② WaW 活動の今後の課題

　これまで述べてきたように，WaW 活動では退職者以上の年齢層が大多数を占めており，ウォークも同様の年齢層の人々が参加している。近年，WaW 組織に限らず，アソシエーション全般に，若い世代の参加が少ない傾向がある。目まぐるしく変化する現代社会で働く若い世代は，個人として何らかのアソシエーションに所属し，職場と異なる人々や地域と交流する余裕がないのかもしれない。さらに，若者のフットパス離れもあるだろう。時代が進み，フットパスを知らない若者が増えている現状がある。

　今後，若者をどのように取り込むかは，WaW 活動でも大きな課題となっている。実際，WaW 活動のメンバーで現職者は，フットパスやウォーキング，観光に携わるウォーキング旅行会社勤務，宿泊施設経営者，農家，町議会議員などであり，その中には40代から50代の比較的若い世代も含まれるが，全体数から見るとかなり少数派である。そうした比較的若い世代がさらに若い世代にフットパスを歩くことを紹介し，活動に参加しやすくなるように導くことが必要だろう。例えば，ウィバリスコムの30代のパブ経営者のように，自らウォーキング・ルートを開発してチャリティ・ウォークを開催し，パブにやって来る10代の若者や子どものいる家族連れにも声をかけてウォークに参加してもらうなど，コミュニティの求心力になっている若いメンバーもいる。

　子供ウォークや家族ウォークなどの企画は，子どもたちとその家族の参加を促す。WaW 全国組織会長は，2018年に来日したさいの講演で，若者のフットパス離れは解決すべき課題であると指摘した。しかし，そうして子どもの頃に歩いた記憶が大人になってまた歩くことにつながり，WaW 活動メンバーとして参加することになるかもしれないため，希望はあると語った。とはいえ，活動メンバーにも日常的なウォークやウォーキング・イベントへの参加も若い世代は少数なのが現状であり，何らかの対策を講じる必要がある。

　一方で，積極的に若い世代を取り込む戦略をとっているアソシエーションも

ある。スコットランド・グラスゴーのランブラーズ協会には，最近，若者がグループを作って参加しているという。単に「歩く」というだけでなく，「山登り」「写真（SNSへの投稿写真）」「歴史的建築物」など，若者のそれぞれ好きなことに合わせたテーマを設定したグループにしたところ，若い人々が進んで参加するようになったという。一度火が付くとSNSで情報が拡散するため，参加しやすい。今後，若者好みのテーマ別ウォークの可能性は，WaW活動においても解決策の一つとして取り組むべき点だといえる。

　同様に，本書の他章で述べられているように，フットパスと地域活性化の活動に取り組んでいる日本の大学生や大学と高校における地域と連携した教育もおおいに参考になるだろう。若者が地域コミュニティと接触することで，地域の現状を自らの経験を通して知ることができ，「フットパス」と「歩くこと」，「地域活性化」を結びつけて考え，実践するきっかけになっている。一方で，高齢化が進む地域コミュニティ側も，若者が訪れることで活気が生まれる。住民の中に芽生えた地域の良さを伝えたいという気持ちが，若者と協働することで地域活性化につながっている。

③　英国と日本：日本が英国から学べること

　これまで本章では，英国のフットパスとWaW活動について述べてきた。英国では，フットパス自体が人々の身近にある自然であり，時代を経て継承されてきた日常的な文化遺産でもある。WaW活動は，フットパスが現代における生成的コモンズであることを生き生きと鮮明にあらわしている。フットパスは，歴史的かつ身近で日常的，その上，柔軟な生成的コモンズであるからこそ，WaW活動が各地に広がった。そして，現在，英国全土でその活用と地域活性化が実現している。いいかえると，英国各地に動態的なコモンズが生成されているわけである。

　この「歩くこと」と「歩く人を歓迎すること」による地域活性化は，英国でも，おそらく世界でも，これまでにない新しい動きである。「歩くこと」でコミュニティが活性化し，地域内外のネットワークが形成され，人々の交流が促進されている。ローカル・グローバルな動態的コモンズが媒介する新しい動き

である。

　日本の場合も，英国に勝るとも劣らない多様で豊かな自然が地方に存在している。しかし，地方に住む人々は，多くの場合，自分たちの身近な自然や文化の豊かさを特別なものとは感じていない。日本では地方から都市への人口流出は増加する一方で，高齢化と過疎化，限界集落，市町村の消失へと進む，日本の地方の現状は深刻である。退職したらカントリーサイドで庭いじりしながらゆっくり余生を過ごすことを理想とする英国とは，お国柄が違う。もちろん，英国の「都市からカントリーサイドへ」という，日本とは逆向きの人の流れは，ヨーロッパでも珍しい。それは，19世紀以降の英国の社会的背景によって歴史的に構築されたものなので，日本において急いでその社会的認識を広く普及させるのは難しい。

　日本では，まず，地方で日常的な地域資源に着目することから始めなければならない。「地域の魅力」の再発見である。そこで，学生や都市の人々のような「外からの目」を活用する必要がある。彼らの目に映った新しいもの，珍しいもの，美しいもの，感動するものは，地元の人々が気づかない「地域の魅力」である。そうして，それらの魅力を見たり体験したりできるフットパスのルートを地元の人々と一緒に作ることが，外から人々を呼び込む上でも重要である。地域おこしや地方創生という大きな看板を掲げて気負うよりも，身近な豊かさに第三者目線で気づくことが，交流人口の増加，移住促進，定住人口の増加につながる第一歩になる。

　実は，日本にも英国でのWaW組織の設立とほぼ同時期に，北海道寿都郡黒松内町，山形県長井市，東京都町田市，山梨県甲州市でフットパス活動が起き，2009年に日本フットパス協会が創設された。この協会の加盟団体は年々増加し，コロナ禍前の2019年11月には全国で67団体になった。既存の大きな観光地ではない市町村で，フットパスを使って地域活性化を考えるところが，日本でも増え続けている理由である。そのような市町村では，英国のWaWタウンのウォーキング・フェスティバルと同じように，ウォーキング・イベントを開催している。

　英国のWaW UKネットワークと日本フットパス協会は友好関係を結んでお

り，2018年11月には，英国のWaW UK ネットワーク会長と理事 2 名が来日し，日本各地のフットパスの現状を視察した。仙台市で開催された同協会の「全国の集い in 柴田」と熊本県美里町で開催された「WaW くまもとネットワーク」結成のシンポジウムでは，WaW UK ネットワーク会長の講演と理事らによるパネル討論会が行なわれた。フットパスと地域づくりの活動が別々に発展してきた英国と日本の間で，同じ経験が共有されたことは興味深い。

　そんな中で，日本が何より英国と違うのは，「歩く文化」が国民に普及していない点である。英国でレジャー活動として普及している「歩くこと」は，日本では一部の人々にしか受け入れられていない。日本は，目的地に速く，効率的に到着することが優先されるスピード社会，都市化社会の一辺倒で，そのほかのことに重きをおく余裕や人と異なる多様性を広く受容する寛容さや創造性が十分に育っていないともいえる。「歩くこと」は，ウォーキングや中高年の登山だけではなく，より広い年齢層が共有できるものである。ときに自然や人と触れ合い，地域を知る，そして自分を知ることのできるスローな文化でもある。この「歩く文化」を私たちの間で共有できたら，英国にあるような「歩く観光」を支える仕組みを日本に確立する需要も高まる。そう考えると，日本における「歩く地域づくり」は，まだこれから発展の余地が残された，可能性に満ちた領域といえる。

　2019年12月，中国武漢市で発見された新型コロナウイルスは，瞬く間に世界に拡散し，私たちは 3 年の間，自由に遠距離移動ができない状態が続いた。しかし，コロナ禍における新しい生活様式が模索される中で，近場への観光，地元への興味や発見を喚起する旅としてマイクロツーリズム[15]が注目を集めるようにもなった。さらに，リモートワークやテレワーク，オンライン授業などによる運動不足から散歩の習慣ができた若い世代も多い。観光は，遠くへ，ハイスピードで，マスツーリズムで，効率的である必要はない。コロナ禍を経た今こそ，「歩く観光」の可能性を見直す機会ではないだろうか。

6　新しいつながりによる「パブリックネス」の醸成

　英国における「歩く人を歓迎する」活動は，住民が主体的に声をあげ，働きかけ，活動しているもので，ボランティアがその大半をしめる。その背景には，政府と行政の資金不足があることは否めないが，そこに本来の民主主義的な地域コミュニティのあり方を見ることができた。それは，自らが暮らす地域をより良くしようとする地域への奉仕的，貢献的活動であり，強い自治意識である。

　WaW活動は，「歩くこと」で人と人の関わりを創り出し，歩く人のために歩く環境を整えることで自らが住んでいる環境を守り，見直すことができる。さらに歩くことでそのコミュニティという動態的なことばを生成してゆく。それは，失われていたコミュニティ感覚や希薄になっていた他者とのつながりを取り戻して「コミュニティ」を再構築し，盛り上げることにつながっている。

　「歩くこと」で見えること，創ることができる関係がある。地元でこれまで関わることのなかった商店や宿泊施設，地主や農家，行政議員や他の活動団体，さらに広域の組織や団体と「つながる」関係が生まれた。そして，観光産業が「歩く観光」を支える仕組みは，産業がコミュニティと関わり，かつコミュニティが外の人々とつながることで活性化する可能性も秘めている。コミュニティの活性化は，なにも経済効果だけではない。個人やグループを生き生きとさせ，「つながり」を再び創り出すことでもある。そうして，個人からグループ，グループからコミュニティへと，小さな社会で実現する活性化である。WaW活動の全国的な展開は，そうした草の根的なコミュニティの活性化を人々が求めた結果なのだろう。

　このような英国のWaW活動とコミュニティづくりは，世界的にも新しい動きである。それは，「歩くこと」を通して，現代社会のなかで失われてきた「つながり」の大切さを再認識させてくれる。同時に，「現代的で多様な新しい」つながりがコミュニティという小さな社会を変革する可能性があることを示している。

　WaW活動に取り組む人々とその地域には，その多様なつながりを通して共

有される「パブリックネス」(publicness) が醸成されていると感じる。言い換えると，それはフットパスというコモンズをめぐるコンセンサス（共通認識）のようなものである。高速化や効率化が進む現代社会のなかで個別に生きる私たちが失くしてしまったものかもしれない。「パブリックネス」は，コミュニティに対する奉仕精神に根ざし，現代的な新しい「つながり」によって「フットパス」がコモンズとして生成してゆく過程で人々の間に醸成されているように思う。

　WaW 活動は，現代的な「パブリックネス」を地域に醸成することに成功した。そうして，ゆっくりと人々は「生活の質」を取り戻し，より良いコミュニティの再構築へ向かうことができているのではないだろうか。

　注
(1)　本稿は，2013年から2019年に実施した英国調査にもとづいている。2015年から2019年の調査については文部科学省科学研究費補助金（基盤 B）研究課題「下からの地域開発の実践——フットパスと農村民泊による展開」（平成27年度採択　研究代表者　前川啓治）と同科学研究費補助金（基盤 C）研究課題「英国のパブリック・フットパスをめぐる文化・社会的環境の構築に関する人類学的研究」（平成27年度採択　研究代表者　塩路有子）によって可能となった。本稿は上記研究の成果報告の一部である。

(2)　フェアトレード・タウン（Fairtrade Town）とは，発展途上国の原料や製品を適正な価格で継続的に購入することを旨とした「公平貿易証明」がなされた商品（フェアトレード製品）の利用を促進しているとして，公正貿易証明団体から認定された都市である。世界で初めてのフェアトレード・タウンは，2001年の英国ランカスター州ガースタン（Garstang）だった。ガースタンでの活動が評判になり，これに続く都市を増やすため，英国フェアトレード財団は「フェアトレード・タウンと認められるための基準」と「活動ガイドライン」を作成した。これにより，2001年から2006年の間にイギリスでフェアトレード財団からフェアトレード・タウンの認証を受けた町は，209に上った（ウィキペディア「フェアトレード・タウン」ホームページ，2015年10月26日閲覧）。

(3)　フェアトレード・タウン計画における基本的な 5 つの条件は以下の通りである。
　① 地域行政がフェアトレードを支援する決議を通すこと。
　② 少なくとも 2 つのフェアトレードの製品を地域の店やカフェ，食堂で提供でき

るよう準備しておくこと。

③ フェアトレード製品は地元の多くの職場（不動産屋や美容院など），コミュニティ組織（教会や学校など）で実際に使われること。

④ メディアの関心を喚起し，キャンペーンを支援してもらうこと。

⑤ 地元のフェアトレード推進グループは，フェアトレード・タウンのステイタスの継続的な保持を確実にするために集まること。

(4) 全参加者28名の地域と団体は以下の通り（リスト記載順，括弧は人数）：Church Stretton Area Tourism Group (2), Otley Walking Festival (2), Otley Town Council (1), Ross on Wye RA (2), Barnard Castle RA (1), Teesdale Marketing Limited (1), Pentrefoelas Community Council (1), Menter Nant Conwy (1), Conwy (1), Todmorden (1), Penmaenmawr (2), Prestatyn (1), Great Malvern (2), Clitheroe (1), Heptonstall Parish Council (1), Talgarth Town Council (1), Natural England (1), Yorkshire Dales (1), Fnin Twede Towns (1) Garstang (1), Hebden Bridge (3).

(5) ナチュラル・イングランドは，DEFRA（環境，食糧，農村地域省）が後援する英国の非部門公共機関である。土地，動植物，淡水および海洋環境，地質学，土壌を含むイングランドの自然環境が保護され，改善されるよう保証する責任がある。また，人々が自然環境を楽しみ，理解し，アクセスできるよう支援する責任もある。

(6) ランブラーズ協会は，英国最大のウォーカーの権利を守るロビー活動を行うチャリティ団体で，英国各地に支部をもつ全国組織である。会員向けに各地でウォークを実施する一方で，地域のフットパスの維持管理を監視する役割が強く，地主や行政にフットパスの維持，再開やルート変更について問題を見つけると意見を提示するなどの直接的活動をする。現在の協会名称は，ランブラーズ（The Ramblers）である。

(7) カルダーデール・ウェイは，1978年に行政（Calderdale District Council）によって設定された西ヨークシャーの長距離フットパスである。WAGメンバーであるヘブデン・ブリッジ住民によると，当時，行政は，ルート上の雑草の除去をボランティアに依頼し，同ルートを完成させたという。

(8) 北部イングランドのフットパスの再開をめぐる地主と労働者の対立とは，1932年のキンダー・スコット（Kinder Scout）事件である。ピーク・ディストリクト（Peak District）の入り口に位置する湿地帯の丘キンダー・スコットの開放を求めてマンチェスターの労働者約400人が強行侵入し，数名が逮捕された。地主たちは，湿地での雷鳥を保護するという口実で労働者の立ち入りを禁止しようとしたが，当時，ハイキング・ブームもあり，ピーク・ディストリクトを散策して楽しんで

いた北部の都市労働者の怒りをかった（平松 1999：166-168；市村 2000：144-146）。

(9) アクセス・ランドとは，その範囲内において自由に歩き回れるエリアのことを指し，フットパスのような線状のルートに沿って歩かなくてもよいエリアをいう。

(10) 本節の内容は，拙著（2020）を一部参照した。

(11) 例えば，ブラッドフィールド WaW が，NPA の公園内にあるコミュニティに対して小規模補助金を得たイベントでは，2018年9月末に開催された「時を通して歩く：シェフィールドのウォーキング遺産」がある。それは，同年9月中旬に1週間開催されたシェフィールドのウォーキング・フェスティバルに連続するイベントとして設定された。シェフィールドとこの地域をウォーキングの目的地として促進し，オープン・アクセスの設立に貢献した地域だという歴史的背景に関する情報を提供するものだった。

(12) 同様の問題は，コッツウォルド AONB でも起きている（塩路 2003, Shioji 2018）。英国では，自然環境が豊かで都市部からアクセスが良いカントリーサイドでこれらの問題が起きていることが多い。これらの問題を解決するために，ピーク・ディトリクト国立公園では，行政が新築物件の使途を規制し，税金をかけることによって別荘やホリデー・コテッジの増加を抑制しようとしているが，既存の建物の別荘化については規制するのは難しいという。しかし，NPA のコミュニティ政策計画担当者によると，同公園内の別荘率が高い村でも13％程度なので，レイク・ディストリクトやデヴォン，コーンウォールといった南海岸に比べると高くはないため，まだ深刻な問題ではないという。

(13) 本節の内容は，拙著（2018）の観光産業に関わる部分を参照した。

(14) さらに，2019年9月に配信された委員長による2018-2019年度の報告によると，全国委員会が既存の『ビジネス・アクション計画』を改訂して作成した『これからの道』（The Way Forward）の計画には，これらの他にも「会員の利点」「WaW ロゴの利用とブランディング」「コミュニティの利点」などが挙がっている。

(15) マイクロ・ツーリズムとは，自宅から1，2時間圏内の地元または近隣への宿泊観光や日帰り観光をいう。

参考・引用文献

畠山武道・土屋俊幸・八巻一成編著（2012）『イギリス国立公園の現状と未来——進化する自然公園制度の確立に向けて』北海道大学出版会。

平松紘（1999）『イギリス緑の庶民物語——もうひとつの自然環境保全史』明石書店。

平松紘（2002）『ウォーキング大国イギリス——フットパスを歩きながら自然を楽しむ』明石書店。

市村操一（2000）『誰も知らなかった英国流ウォーキングの秘密』山と渓谷社。

塩路有子（2003）『英国カントリーサイドの民族誌』明石書店。

塩路有子（2014）「英国カントリーサイドのチャリティ——理想の居住地における『コミュニティ』の変化」森明子編『ヨーロッパ人類学の視座——ソシアルを問い直す』世界思想社。

塩路有子（2016）「英国におけるパブリック・フットパスと地域振興—— Walkers are Welcome タウンの活動」阪南論集 社会科学編，51(3)，213-221。

塩路有子（2018）「英国におけるパブリック・フットパスと地域振興（part2）——小さな町村の Walkers are Welcome 活動とウォーカーと関わる観光産業」阪南論集 社会科学編，54(1)，145-155。

塩路有子（2020）「英国におけるパブリック・フットパスと地域振興（part3）——国立公園や自然景勝特別保護地域と Walkers are Welcome 活動」阪南論集 社会科学編，55(2)，09-06。

Exmoor National Park (2016) *Rights of Way and Access Annual Reports 2015/2016*.

Ingold, Tim (2007) *Lines: a Brief History*, London: Routledge.（ティム・インゴルド，工藤晋・菅啓次郎訳（2014）『ラインズ——線の文化史』左右社。）

National Trails ホームページ
https://www.nationaltrail.co.uk（2019年5月5日閲覧）

Parkins, Wendy and Craig, Geoffrey (2006) *Slow Living*, Oxford: Berg.

Peak District National Park (2018) *Peak District National Park Management Plan 2018-23*.

Sheller, Mimi. and Urry, John. (eds.) (2004) *Tourism Mobilities: Places to play, places in play*, London: Routledge.

Sheller, Mimi. and Urry, John. (eds.) (2006) 'The New Mobilities Paradigm,' *Environment and Planning A*, 38(1): 207-226.

Shioji, Yuko (2018) 'Who Makes "Old England" Home? Tourism and Migration in the English Countryside', in N. Frost and T. Selwyn (eds.), *Travelling Towards Home: Mobilities and Homemaking*, Oxford: Berghahn, 77-104.

Urry, John (2007) *Mobilities*, Cambridge: Polity Press.（ジョン・アーリ，吉原直樹・伊藤嘉高訳（2015）『モビリティーズ——移動の社会学』作品社。）

Walkers are Welcome ホームページ
http://www.walkersarewelcome.org.uk（2019年7月閲覧）

第3章 フットパスとアクセス・ランド
——英国におけるカントリーサイドへの
パブリック・アクセス制度の展開

鈴木龍也

1 日本のフットパス，英国のフットパスとアクセス・ランド

　日本においてもフットパスという言葉をよく耳にするようになった。フットパスに関心を持つ人はそれが英国[1]のフットパス（footpath）に由来するものであることを知っているだろう。日本においてフットパスという言葉を誰がどのような経緯で使いだしたかは定かでないが，日本の自然環境の保護や人々の自然へのアクセスに関心を持つ人たちに英国のフットパスについて紹介し，この言葉を広く行き渡らせたのは，平松紘が書いた『イギリス緑の庶民物語——もうひとつの自然環境保全史』（明石書店，1999年）と『ウォーキング大国イギリス——フットパスを歩きながら自然を楽しむ』（明石書店，2002年）である。これよりも少し早く日本におけるフットパスを作ろうという活動が様々な場所ですでに始まっていたが，平松の著書はその展開にも大きな影響を与えることになった。

　日本でフットパスという言葉があまり知られていない時代に，地域の「ありふれた」，しかし魅力的な自然景観・文化景観のなかを楽しみながら歩くためのウォーキング・ルートを作り，人々をそこに招き入れる活動をしていた人々は，後にそれを英国のフットパスになぞらえて「フットパス」と呼び出すわけであるから，当然のことながらそれは英国のフットパスとの類似性をもっていたのである。このへんの事情については日本におけるフットパス運動のリー

ダーの一人，神谷由紀子の以下の説明が参考になる。

　　　日本では今から20年ほど前，自分の地域を歩いて新たな発見を楽しむ活
　　動が自然発生的に日本の各地で始まった。北海道，東北の長井市，東京の
　　町田市，甲州市などでほぼ同時期に従来の観光とは少々違ったイベントが
　　催されるようになった。名所旧跡などではない，いつも車で通り過ぎてい
　　るような周辺のみちを歩いてみると，幼少期に見たような原風景が以外に
　　（ママ）多く残っていることに気づき，改めてその美しさに胸を打たれた
　　のである。…（中略）…そしてこの活動はイギリスのフットパスに似てい
　　るということでフットパスと呼ばれるようになった。(神谷 2014：14)

　もっとも，実は日本のフットパスと英国のフットパスでは違いも相当に大き
い。そのため，フットパスを作る活動をする人々のあいだでは「フットパス」
とは何かということがずっと議論され続けてきた。この議論は，フットパスを
作って人々の自然や文化景観へのアクセスを広げよう，あるいは人々を地域に
呼び込もうとする自分たちの活動はどのような意味を持っていると考えたらい
いのか，そして日本におけるフットパスと英国のフットパスの違い，さらには
健康のための一般的なウォーキングとフットパス・ウォーキングとの違いをど
のように説明したらいいのかというような，日本のフットパス活動の本質をど
のように考えるかという点に関わる議論である。本章は，英国のフットパスや
アクセス・ランドを紹介することにより，このような議論に関わる基礎的な情
報を提供するという役目を負っているが，まずは誤解を避けるためにも，日本
のフットパスと英国のフットパスは何が似ていて，何が違うのか，概観してみ
たい。

　日本フットパス協会は，フットパスを，英国を発祥とする「森林や田園地帯，
古い町並みなど，地域の昔からあるありのままの風景を楽しみながら歩くこと
【Foot】ができる小径（こみち）【Path】」（日本フットパス協会）と説明している。
日本におけるフットパスのイメージ，そしてフットパスに関わる人々がフット
パスに託した思いが大変うまく表現されていると思う。

114

　英国のフットパスを歩いたことのある方も多いと思う。英国のフットパスは日本に劣らず多様であるが，「森林や田園地帯，古い町並みなど，地域の昔からあるありのままの風景を楽しみながら歩くことができる小径」という表現は英国のフットパスにもおおむね当てはまると感じるのではないだろうか。

　もっとも，違いも大きい。日本のフットパスは，フットパスを使っての地域活性化などを目指す人々により作られたウォーキング・ルートを指して用いられる言葉である。それは都道府県道，市町村道，そして里道など既にある公道，そして稀ではあるが一部は私道など私人によって提供された道をも結んでルート化され，マップや道標によってみんなに示される。それに対して，英国におけるフットパスは網の目状に存在する一定種類の道そのものを指す。この点が日本のフットパスと英国のフットパスの最も大きな違いである。英国のフットパスは日本における里道に近い。英国でもフットパスをつないでウォーキング・ルートが作られることはもちろんあり，たとえばロングトレイルとして有名なペナン・ウェイなどのナショナル・トレイルもその多くはフットパスをつないでルート化されたものである。しかし，そのような形でルート化されたウォーキング・ルートに取り込まれているフットパスはフットパスの中のごく一部である。

　英国の公道（highway）とされる道の中には権利通行路（public rights of way）と呼ばれる特殊な道があり，フットパスはその一種，その主要な形態である。権利通行路は私人の土地の一部などを通る道で，誰もがそこを通行する権利を持つ，すなわち公衆がそのような通行権を有する道という意味で public rights of way と呼ばれるわけである。権利通行路の本来の意味や法的制度の変遷についてはより正確な説明が必要であるが，それについては次節で行うこととする。

　英国ではナショナル・トレイルと呼ばれる長距離ウォーキング・ルートが整備され，日本でも有名である。また，最近では WAW（Walkers are Welcome）[2] が英国全土で活発に活動するようになった。各地に存在する WAW 団体がウォーキング・ルートをつくり，その整備などをも行っている。これらはまさにルートであり，日本のフットパスに近いということができよう。

第2の違いとして，日本のフットパスは歩行者専用道ではないのに対して，英国のフットパスは歩行者用道路である。英国の権利通行路の中にも後に述べるように乗馬や馬車，さらには自転車での通行が許される道があるし，場合によっては車の通行が認められるものもある。とはいえ，権利通行路の主要なものが歩行者用道路としてのフットパスであり，それに自転車や乗馬などでの通行が認められるブライドルウェイ（bridleway）をあわせると権利通行路の大半を占めることになる。日本のフットパス・ルートのかなりの部分が，実質的には歩行以外の通行には適さない道であるとはいえるかもしれないが，通行形態が厳格に限定されている英国のフットパス，あるいはその他の権利通行路とは，道としての性格付けが大きく異なる。

　さらに，英国のフットパスは誰か私人の所有する土地の上に公衆が通行権をもつという形で存在する。日本のフットパス・ルートにおいても私人の土地の上を通るルートもあることはあるが，大部分は里道などをも含めたいわゆる公道をルート化している。もっとも先に説明したように，英国ではフットパスを含めた権利通行路も公道であるから，両者ともほとんどが公道であるという点では違いはないとも言える。より正確に言うなら，英国においてはフットパスの地盤が私人の所有地であるのに，日本においては多くの場合，国や都道府県，市町村などの公的な団体がフットパスとされているルートの地盤を所有しているという点で違いがある。

　道の物理的な存在形態として英国のフットパスらしさを最も強く感じさせるのは，いわゆる私人が所有する放牧地のなかなどを突っ切ってすすむ道である。フットパスの放牧地への出入り口には開閉できるゲートやスタイル（石垣を越えるための階段状の構築物）などがあり，またフットパスの方向を示す矢印の道標などがあるものの，放牧地内部においてフットパスと左右の放牧地部分との間に明確な境界や工作物などはないことが多く，その場合はただ単に過去における人の通行の痕跡を示す草の禿げ跡として，さらにはそれさえなく他の放牧地部分と物理的な区別がつかない形で，まさに「放牧地などの一部」としてフットパスが存在している。

　英国においては，フットパスは少なくとも19世紀後半以降はカントリーサイ

ドへの公衆のアクセス（パブリック・アクセス）のためのものとしての社会的
な意義が評価され，その認定や管理が社会問題化してきた。この点，日本にお
けるフットパスは，フットパス・ウォーキングを広めようとしている人々から
は地域振興のツールとして評価されることが多い。もっとも，そのような評価
の前提として，フットパスは地域の自然やそこで文化的に形成されてきた景観
等への人々のアクセスを拡大するという意義を有するとの理解が共有されてい
ることも忘れてはならない。日本フットパス協会がフットパスを「森林や田園
地帯，古い町並みなど，地域の昔からあるありのままの風景を楽しみながら歩
くことができる小径」と説明していることもそのことを示している。

　英国においては，カントリーサイドへの公衆のアクセスの拡大という点で
フットパスは大きな意義を持ち，よ上てれが故にてれを阻もうとする地主や借
地農などとの対立という形で社会問題化してきた。このようなカントリーサイ
ドへの公衆のアクセスを拡大させようとの方向での市民的な取り組み，運動に
おいては，実はフットパスの確保，拡大の他に，コモン・ランド（後述）や荒
蕪地，山地や海岸周辺部への公衆のアクセスを可能とするような法制度の確立
が目指され，少なくとも19世紀後半以降はこの2つの課題に並行的に取り組ま
れてきた。後者についてはなんといっても2000年カントリーサイドと通行権法
（Countryside and Rights of Way Act 2000）が注目される。それ以前にも一部の
コモン・ランドや国立公園等に市民の面的なアクセス権が認められてはいたが，
この法は英国全土にわたって一定要件を満たす土地（アクセス・ランドと呼ば
れる）への市民のアクセスを認めるもので，画期的な意義を有している。

　日本においても，現実にはたとえば慣行的に他人の所有する山林等において
山菜やキノコ等を採ることが行われきているところは多く，筆者としてはそれ
らが慣行的な権利として認められていると言っていい場合もあると考えている
が，一般的には，所有権絶対が強く貫徹する日本の土地所有権制度，土地所有
観念を反映してか，他人の山での山菜採りやキノコ採りを慣行的な権利，ある
いは権利類似のものとして認める立場は現状においては少数派であろう。登山
その他の場合に私有地を通ることはないことはないが，そのような場合につい
てもそれを権利として認めるという立場はやはり少数派である。そうすると，

117

一般的な理解からすれば，日本において英国のアクセス・ランドに比すべきものは存在しないということになる。

　一方で，日英における自然や文化的景観へのアクセスを求める動きには共通するものがある。特に日本におけるフットパス運動と英国の WAW の取り組みはともに地方の「衰退」のなかでの活性化手法としての意義が強調されるようになっており，共通の社会背景の存在を感じさせる。しかしながら，上に見たように，公衆が地域の自然や景観にアクセスし享受するための制度についていえば，少なくとも現状の日本と英国でのその在り方は大きく異なる。そしてその背景には土地所有権への考え方，さらには自然的・文化的景観への市民的アクセス確保という社会的な価値に関する認識の違いがある。

　以下においては，英国におけるカントリーサイドへの公衆のアクセスを確保するための制度としての，フットパスに代表される権利通行路制度および2000年カントリーサイドと通行権法により新たに導入されたアクセス・ランド制度について，日本の法や実態との比較を交えながら若干細部に立ち入った検討を行う。上に見たように英国のフットパスと日本のフットパスではその意味するものに大きな違いがあり，また英国のアクセス・ランド制度にあたる日本の制度はないため，この検討から日本への示唆を直接的に導くことは困難である。しかし，両国いずれにおいてもいわゆるカントリーサイドへの市民的アクセス，そしてそこでの市民的な自然環境享受が重要な社会的意味をもつことに違いはない。また地域の衰退の中での単純に観光資源開発というだけにはとどまらない地域振興上の効果という側面において，フットパス等が大きな意味をもつようになってきているという点においても共通性がみられる。加えて，カントリーサイドへの市民的アクセスの制度を何らかの形で今日の日本に新たに導入する場合には国家的な所有権制度，所有観念との衝突，調整が避けられないが，英国でのアクセス・ランド制度導入の在り方，そこにおける所有権制度との調整の状況についての紹介，検討は，政治的な過程の検討としてだけでなく，制度論的なレベルでの検討の前提的作業としても，有益な示唆を与えてくれるものとなるはずである。

2　英国のフットパス制度

　以下では英国におけるカントリーサイドへの公衆のアクセスに関わる法制度，すなわちフットパスに代表される権利通行路制度と2000年カントリーサイドと通行権法に基づくアクセス・ランド制度について，英国法に特徴的な考え方や制度的枠組みに注意を払い，日本法との比較などをも交えつつ基本的な説明を加える。

　なお，以下の英国の権利通行路とアクセス・ランドの制度内容についての説明にあたっては全体として主に John Riddall & John Trevelyan, *Rights of Way: a guide to law and practice* (4th ed.) (2007) と Angela Sydenham, *Public Rights of Way and Access to Land* (4th ed.) (2010) を参考にしているが[3]，特に著者の見解であると明記すべきと判断した場合以外は個別に注を付していない。また，英国の制定法の条文については，今日ではオンライン[4]で制定以来の変遷を含めて容易にアクセスできる。より踏み込んで制度内容を検討したいと考えておられる方のために，制定法の条文番号を本文中にかなり詳細に付記している。

2.1.　カントリーサイドへの公衆のアクセスを求める社会運動

　英国では19世紀半ば以降において本稿が対象とするカントリーサイドへの公衆のアクセス制度の確立を目指す運動が大きく展開していく。これは基本的には18世紀後半から19世紀半ばを中心として進行した第2次囲い込みへの社会的な対抗という意味合いが強いものと理解できる。背景にはヴィクトリア朝期の英国独特の自然観，カントリーサイド観があると言われているが，それと同時に，アクセス可能だった場所から排除されるという事態が現実に進行していくことへの住民や一般市民の反発という要素を抜きに説明することはできない。

　19世紀の半ば以降は囲い込み自体の抑制が立法等により進められるようになる。そしてそれとともに，大きく制限され，かつ一層の制限が進行しつつあるカントリーサイドへの公衆のアクセスのための権利を回復させるべく，様々な

形での社会的な運動が生じてくることになった。コモンズとオープンスペース保存協会（Commons and Open Spaces Preservation Society: その後オープンスペース協会（Open Spaces Society）と改称）が1865年に設立されているのがそれを象徴している。

　第2次囲い込みの対象地には従来は荘園の荒蕪地（manorial waste）やコモン（common）[(5)]として用いられていたところ，すなわちコモン・ランド（common land）が多く含まれている。もっとも，権利通行路は都市部にもあるし，公衆の面的なアクセスが求められることとなるコモンはロンドン等の大都市近郊にも多く存在する。実は，公衆のアクセスをめぐって紛争の対象となったのは都市近郊のコモンが多いし，立法などにより公衆のアクセスがいち早く認められていったのも都市近郊のコモンである。

　19世紀においてはアクセス権保全・獲得のための運動はどちらかといえば中産階級やインテリ層により担われていたが，20世紀になる頃からはその一翼を都市部労働者が担うようになる。それを象徴するのが1935年のランブラーズ協会（Ramblers Association）[(6)]の設立である。1932年には有名なキンダー・スコット・トレスパス事件があり，1949年にはオープン・カントリーへの公衆のアクセス権拡大を目指す1949年国立公園とカントリーサイドへのアクセス法（National Parks and Access to the Countryside Act 1949）が制定されている。

2.2. 英国におけるアクセス制度の法的前提

　英国法は法系論的にはフランス法やドイツ法などが属する大陸法系と対比される英米法系に属する。フランスやドイツが法の内容全体を主要な法分野ごとの体系的にまとまった諸法典の立法という形で一挙に「近代化」させたのに対して，英国では近代法の確立を終始古い革袋に新しい酒を盛るという形で進めてきた。それは具体的な事件に対する判決から抽出された法原則，法的ルールに法源，すなわち具体的な事件に適用すべき法規範たる地位を認めるという判例法主義に媒介されたものである。

　そのような事情を反映して，日本やフランス，ドイツなどいわゆる大陸法系の国は，各分野の基本をなす法規範の体系を法典として立法したうえで，特殊

120

な分野に対応するために，あるいは特殊な事情に対応するためにそれを補足・修正する制定法を必要に応じて加えるという形で制定法の体系を形成し，そのような制定法を第一の法源として裁判を行うという枠組みをとっている。それに対して英国では今日においても判例法（判例から導かれる法規範）を第一の法源としている。もちろん制定法もあるが，基本的にはそれはある分野についての法的関係を包括的，体系的に示すためのものではなく，判例法を修正し，あるいは判例法の内容（の解釈）を明確化し，限定するためのものである。形成されてきた判例法はコモン・ロー（common law）と呼ばれ，それが形成され変容することにより，法の「近代化」がなされた。もちろん今日においては制定法の実質的な重要性は高くなっているが，判例と制定法に関する上記のような理解は依然維持されている[7]。

　後に見るように，フットパスに関して判例法として形成されてきたいわゆるコモン・ローは，20世紀においては判例法自体の追加や変更という形ではなく，その制定法による修正という形で大きく展開した。これはフットパスの認定や管理などが具体的に法的な課題として浮上してくる時期と関係している。

　英国では，ある裁判所が下した判決の基礎をなす法原則，そのようなものとして判決から抽出された法規範は，判決を下した裁判所，もしくは裁判所の序列においてより下位に位置する裁判所が下す判決を拘束するという先例拘束性の原理が，裁判に資本主義的合理性を担いうる安定性が求められるようになる19世紀後半から厳格な法原理として適用されるようになった。そしてそのような先例拘束性の原理を必要とした，あるいはそれをもたらした英国における資本主義的な関係の「確立」こそが，その裏面において一般労働者の過酷な生活・労働条件を生み出し，それが労働者を中心とする市民のカントリーサイドへのアクセスの確保を社会問題化させる一つの大きな要因でもあった。

　先例拘束性が強く働くなかにおいても，過去の判例により示された法原則が適用される場面を狭く限定して法の欠缺，すなわち依拠すべき法原則がない状態を作り出すというような法技術により新しい法原則の創出・適用の可能性を作り出す対応は実質的には可能であり，またある程度は実際にも行われていた。しかし，フットパスなどによるカントリーサイドへのアクセス手段の確保の是

非が社会的な対立状況を形成していた19世紀の後半から20世紀初頭にかけて，フットパスの認定などに関してはその展開に大きな障害となる判例法が維持されることになった。

　このことは一面ではカントリーサイドへのアクセスをめぐる労働者層や市民層に対立する地主層の利害への実質的な追従という，当時の裁判官層の社会的な性格を示すものとして理解することもできるが，他面では先例拘束性への強いこだわりという，この時期の裁判官たちのいわば抽象的な法や裁判の在り方をめぐる志向の問題として理解することも可能である。いずれにしろ，少なくともフットパスに関する諸法理の改革は，カントリーサイドへの市民的アクセスの拡大を求める人々と地主層などとの対立を背景としつつ，それ以前に形成されていたコモン・ローの法理を前提として，主に裁判の場ではなく立法の場でそれを修正するという形で進められることになった。以上のような意味で，特に1930年代以降の，カントリーサイドへの公衆のアクセスを保全し，拡大せんとする立法の展開は，英国社会と英国法それぞれの歴史的展開のこの時期におけるある種必然的な結びつきの産物である。

　本章ではフットパスなどの権利通行路制度とアクセス・ランド制度に関する立法を多く扱うことになるが，上記のようなことから，それらの多くは既存のコモン・ローの法原則を前提としつつ，それを修正・補足するものである。もちろん，たとえば1980年公道法（Highways Act 1980）など，過去の立法をまとめたうえである程度体系的な制度構築を目指す法や，権利通行路の登録制度を導入した1949年国立公園とカントリーサイドへのアクセス法（National Parks and Access to the Countryside Act 1949）などのように，これまでにない制度の導入を目指す立法もなされているが，一般的にはコモン・ローで確立されてきた法原則を無視して立法のみから英国法を理解することはできないということをまずは確認しておきたい。なお，コモン・ローの法原則も本来は歴史的，動態的に把握すべきものであるが，本章では残念ながら20世紀初頭におけるコモン・ローの状況を静態的に示したうえでその後の立法による改革の意味を探るという検討にとどめざるを得ない。

2.3.　公衆の通行権

　もともと英国では，少なくとも法的な理解としては，道というのはフットパスなどに限らず一般的に，物理的なものではなく人々の通行権そのもののことと考えられてきた。その意味ではまさに公衆の通行権（public rights of way）＝公道（highways）であり，そこにはいわゆる高速道路（motorways）なども含まれるとされている。もっとも，普通の市民的な理解においては，rights of way という言葉は物理的な意味での小径，若干特殊な小径のことを指すものとして使われることの方が普通である。そのような意味での public rights of way は，通常の道が公的なものとして物理的にも整備されていく中から取り残されはしたものの，たとえば牧草地の中を横切るようにして，誰でもが権利として通行できるルートとして存在している小径のことを指す，とでもいうことができようか。先に述べたフットパス等についての説明はこのような一般的な理解に仮託してのものである。

　この権利通行路は公道の主要な存在形態からは外れざるを得なかったがために，それが存在するかどうか，すなわち公衆の通行権が存在するかどうかということ自体が曖昧になり，多くの紛争の対象になるとともに，後に見るようにその認定等に関わる一連の立法が展開してきた。

　現在，権利通行路にはパブリック・フットパス，ブライドルウェイ（bridleway），制限バイウェイ（restricted byway），無制限バイウェイ（byway open to all traffic）の4種がある。なお，フットパスには私人間で設定されるものもあり，それらと区別して用いるためにはパブリックを付す必要があるが，本章では単にフットパスという場合もパブリック・フットパスのことを指して用いることとする。

　フットパスは歩行による通行のみが許される路である。乳母車を押して，あるいは犬を連れての通行も許される。実際には乳母車を押しての通行が困難であるフットパスも多いが，今日では乳母車を伴って，あるいは車いす等での通行が可能となる部分を広げようとの意図で，キッシング・ゲイト（kissing gate）[8]や狭い橋などを車いすでも通行可能な代替施設に転換するといった取り組みが行われている。

ブライドルウェイは，文字通りにいえば乗馬道である。歩行による通行に加えて，乗馬や馬を引いての通行，さらには今日では一般に自転車による通行が許される。加えて家畜を追っての通行が許される道もある。

　制限バイウェイでは歩行，自転車，乗馬による通行に加えて車（乗り物）による通行が許されるが，例外を除いて機械駆動式（mechanically-propelled ve-hicle）の車の通行は許されない。ただし電動アシスト自転車は機械駆動式の車にはあたらないとされている。

　無制限バイウェイはそれに加えて機械駆動式の車の通行も許される。制限バイウェイと無制限バイウェイはともに車道（carriageway）の一種とされる。車道においては一般に歩行や乗馬での通行なども許されるが，その一種である高速道路（motorway）は自動車専用道である。

　これらはもともと慣行として成立してきた通行権（権利通行路）の内容を再整理する立法的な取り組みの中で確立してきた分類である。様々な慣行をどう整理するか，また慣行が明確でない場合にどのように扱うかということをめぐって，特に無制限バイウェイおよび制限バイウェイという分類につながる類型において紆余曲折があった。

　元来コモン・ローでは公道はフットパス，ブライドルウェイ，車道の3種に分類されていた。車道はもともとは馬車道のことであろうが，少なくとも近年においてはより広く車一般について通行が許される道を意味するものとされている。また，ブライドルウェイにおいては自転車の通行は認められていなかった，というより想定されていなかったが，今日では通行が認められている。

　通行権の存否やその具体的な内容の確認というのは古くからある問題であるが，権利通行路のマップ化を進める過程で権利通行路をどのように分類するかが具体的に問題とされることになった。

　マップ化を目指した最初の立法である1949年国立公園とカントリーサイドへのアクセス法（National Parks and Access to the Countryside Act 1949）においては，フットパスとブライドルウェイに加えて road used as a public path（以下 RUPP と略記する）をマップに記載することとされた。ところが，フットパスとブライドルウェイという概念は慣行的にある程度内容が定まったもので

あったのに対して，RUPP は立法により新たに作り出された概念であり，かつまたその定義があいまいであった。

　1949年法は RUPP を「主にフットパスやブライドルウェイが用いられるのと同じ目的で公衆によって用いられる，公衆用の小径以外の公道」という定義を与えている（1949年法 s.27(6)）。ここでの「公衆用の小径」はフットパスかブライドルウェイである公道を意味するとされているので，RUPP は主にフットパスやブライドルウェイと同じ目的で用いられるが，フットパスやブライドルウェイではない公道ということになる。また同法は，「RUPP であると表示されることはそこで公衆が歩行および乗馬もしくは馬を引いての通行の権利をもつことについての確定証拠となる」としつつ，それは「公衆がそれ以上の権利を持つかどうかという問題についてはなんらの影響を与えるものではない」とも規定している（1949年法 s.32(4)）。RUPP がフットパスやブライドルウェイとどのように異なるのか，あるいはそこでは公衆による車での通行の権利が認められるのかなどがあいまいなままに残されることになった。

　このため，1968年カントリーサイド法（Countryside Act 1968）は無制限バイウェイ（byway open to all traffic）という概念を導入して，地図（後述）の特別再審査を行い，RUPP をフットパス，ブライドルウェイ，そしてこの無制限バイウェイの3類型に分類しなおすことにした（1968年法 Sch.3 Pt 3 para 9(1)）。

　同法で無制限バイウェイとしてマップに記載されることはその名の通り「車その他のあらゆる交通手段による公衆の通行権がそこに存在することの確定証拠となる」（同法 Sch.3 Pt 3 para 9(2)(b)）とされ，また RUPP を再分類する際には，車での通行権が存在するか，その道が車での交通に適しているか，車での通行権を消滅させた場合に過度の困難を引き起こすかという点を考慮しなければならないとして（同法 Sch.3 Pt 3 para 10），RUPP の再分類において無制限バイウェイにあたるとするための基準が車での通行権が認められるかどうかであることを示している。ここにおいて，フットパス，ブライドルウェイ，そして車での通行権が認められる無制限バイウェイという3分類が一応示されたことになる。

　さらに1981年野生生物とカントリーサイド法（Wildlife and Countryside Act

1981）では，公衆の車での通行権が認められる場合には無制限バイウェイ，車での通行権が認められずかつブライドルウェイとしての通行権が存在しないことが明らかにされない場合にはブライドルウェイ，そしてこれら二つの基準がいずれも当てはまらない場合はフットパスに分類するという，曖昧さへの対応をも含めた再分類の基準が示された（1981年法 s.54(3)）。

　それでも再分類はうまく進まなかったようで，最終的に2000年カントリーサイドと通行権法（Countryside and Rights of Way Act 2000）は，同法施行の段階でRUPPとして記載されている道は自動的に制限バイウェイとして扱われるものとした（2000年法 s.47(2)）。制限バイウェイには公衆の歩行および乗馬もしくは馬を引いての通行のほか機械駆動式ではない車での通行の権利が存在し，家畜を追っての通行権は存在することもあれば存在しないこともあるとされている（同法 s.48(4)）。

　以上のような経緯で現在の4分類が完成する。その過程は多様な権利通行の慣行を類型化すること，そしておそらくは慣行自体の曖昧さへの対処が相当に困難だったことを示している。また，1981年法では曖昧な場合の認定方法についてブライドルウェイに引き寄せる形での扱いを定めていたが，2000年法にいたっては，同法施行段階で再分類が行われていないRUPPについては，存在する慣行的通行権の「認定」という枠をわずかではあるがはみ出す扱いをすることを定めたということになる。

2.4. 通行権の認定

　フットパス等の権利通行路をめぐる社会的紛争，さらには法的紛争の最大の争点は，その存在の認定をめぐるものである。この問題を理解するには道についての英国法における独特な構成について知る必要がある。

　先に少し触れたように，少なくとも英国の法的な構成においてhighwayはpublic right of wayと同義に用いられ，本来的には道という物的なものを指すのではなく，公衆の通行権を意味するものとされる。

　日本的な感覚からは理解しにくい点であるが，日本においてもある土地の所有者や利用権者等が隣接する土地を通行する権利としての通行地役権という制

度がある。ある土地から公道へ出るための道はあるが，隣の土地を使わせてもらうとより便利であるというような場合に，契約等によって設定することができる。これは「地」役権であり，ある土地が別の土地の便宜のために一定の負担に服するというように法的には構成される。英国の公道の場合にはある土地がある土地の便宜のための利用に服するというものではなく，ある人の利用の便宜に服するものであるので，人役権ということになる。ちなみに，日本では入会権のうちの「共有の性質を有しない入会権」（民法294条）が人役権であると性格づけられている。これら役権の場合には，地上権や賃借権を設定するのとは違って，役権設定地の所有者や利用権者による当該土地（役権設定部分）の利用が完全に排除されることはなく，役権者の利用を妨げない限りで所有権者なども利用を継続することができるものとされている。

　英国においてもプライベートな役権としての通行権が存在しているが，権利通行路の場合には通行できる権利を有するのが公衆である点がそれとは異なる。英国においては，highway は公道を意味するものとして用いられているが，それはイコール公衆の通行権（public right of way）であり，したがって全公道について公衆が通行権を持つということになる。英国においては少なくとも法的には公道一般がこのような役権的な存在として構成されるのが本来の姿ということになる。もっとも，highway だけでなく public right of way についてもその一般的な意義，用法がここで説明したものからは少しずれ，public right of way については物理的な存在としての一定類型の小径を指すものとなっていることについては既に述べたとおりである。

　英国における権利通行路が存在するかどうかの争いは，一定ルート上に公衆の通行権が設定されていると証明することができるかどうかという争いとなる。公衆の通行権の設定は法律に基づいて地方当局（local authority）[9]と土地所有者等との合意や地方当局による命令によってなされこともあるが，「古来からの」通行権の存在が争われる場合には，基本的には土地の所有者等による権利の供与（dedication）と公衆の受け入れ（acceptance）が通行権成立の要件とされている。なお，公衆の受け入れは基本的には道を公衆が実際に利用することによって示されるとされている。

このような形での供与と受け入れが過去になされたことが示されることによって通行権の存在が認定されるというのが英国法的な通行権認定の本来的な姿ということになる。しかしながら、現実には「古来から」存在する通行権の認定が文字通りこのような形でなされることはそれほど多くはないであろう。多くの通行権は「記憶以前」からのものであり、明示的な供与があったことを証明することは極めて困難だからである。そこでそれらについては、証明はできないが状況からして過去のある時点において土地所有者等により供与されたと見るべき場合である、もしくは公衆による通行に対して土地所有者等による異議（objection）がなかったことなどからして土地所有者等により黙示的に供与されていたと見るべき場合であるとの「コモン・ロー上の供与の推定」により通行権が認められるようになる。

　もともとは、このような「供与の推定」がなされるためには公衆の利用が1189年まで遡ることができるものでなければならないとされていたが、その後、たとえば当該通路の上に1189年以降のある時期に建物が建っていたなど、明らかに1189年以来の使用継続の推定と矛盾する証拠がない場合には、1189年以来の使用継続の推定が認められるようになった。

　さらに、1189年以来の全期間にわたる道の継続的な使用がないことが明らかな場合であっても、十分な期間の公衆による道の使用が証明されれば、土地所有者等による供与の意思を示すための証拠となりうるとされるようになる。もっとも、これだけで常に「供与の意思」が推定されるわけではなく、それを証明するための証拠の一つとなるに過ぎないものとされている。したがって、あくまでも全体としてこのような利用が黙認されていたのは土地所有者等に供与の意思があったからだという推定が成り立つことが証明されなければならないということになる。もっとも、そのために必要とされる使用の期間は必ずしも常に相当の長期が要求されていたわけではなく、頻繁な利用が行われていたなどの事情のもとではかなり短い場合についても認められた裁判例[10]がある。

　このような供与の推定が認められるためには当然の権利としての行使（user as of right）がなされていなければならないとされている。当然の権利としての行使とは、平穏な（without force）、そして公然とした（without secrecy）、加

えて許可に基づくものではない（without permission）行使であるとされている。

　さて，ここまでコモン・ロー上の供与の推定についての扱いを見てきた。すると，英国法による通行権の認定が土地所有者等による供与と公衆による受け入れという構成にあくまでもこだわりながらも，その実質は役権たる通行権の「時効取得」に限りなく近いものになってきていたことがわかる。

　日本では通行地役権は私的な権利としてのものしか認められていないが，地役権の時効取得については一般の財産権の時効取得の要件として自己のためにする意思を持って平穏かつ公然と権利を行使することが求められる（民法163条）ほか，「継続的に行使され，かつ外形上認識することができるものに限」るとされている（民法283条）。そしてそのことは判例上は，通路が開設されていることに加えて，その開設が時効取得者によるものでなければならないということを意味していると解されるなど，その成立について極めて制限的な扱いがされている。これは，所有者等の好意による通行の黙認が容易に通行地役権の時効取得に至ることを防ぐためであると説明される。そのため逆に，時効取得の枠から外れてはいるものの地役権の成立を認める必要があると思われる特別な事情がある場合について土地所有者の黙認による地役権の成立を認めるという判断を下した裁判例がある(11)。このような日本における地役権の扱いをも考え合わせるなら，法的な説明の仕方として通行地役権の時効取得と黙認による設定とは大きく異なるが，その実態は連続的な線上にあるとみるべきなのかもしれない。

　英国ではコモン・ロー上，公衆により長期にわたり「当然の権利としての」通行権の行使がなされてきている場合には，他の証拠にも照らして総合的に判断されるべきものであるとされてはいるものの，所有権者等の黙認による通行権の供与が推定され，通行権の存在が認定される道が一応は開かれていた。しかしながら，これには２つの大きな制約があったといわれている。黙認による通行権の供与が推定されるために必要とされる権利行使の期間が定まっていないこと，および土地の所有者以外の賃借権者や受託者が当該土地を占有していた期間は，それらの者は公衆のための通行権の供与をなす権限をもたないという理由で，供与の黙認が推定されるために必要とされる期間には含まれないと

されていたことである（Riddall & Trevelyan 2007：41-42）。

　英国において土地信託が土地相続を家族内にとどめるなどのために歴史的に多用されてきたことはよく知られている。また英国は借地農業の国である。農地の借地比率が1900年頃には80パーセント代，その後その比率は1920年頃から急落するが第二次世界大戦終了までは60パーセント代を維持していたことが知られている（柘植 1990：10-12）。これらの制約が通行権の黙認による供与を認定するにあたって大きな障害となっていたであろうことがよくわかる。

　これらの障害に対する対応が立法によりなされることになる。最初の立法は1932年通行権法（Rights of Way Act 1932）である。この法律は，19世紀末からの政府による取り組み，そしてオープンスペース協会の運動などを経て，難産の末に成立した。

　この法律は供与が推定されるために必要とされる公衆による通行の期間を20年と定めた（32年法 s.1(1)）。また，コモン・ロー上は供与する権限をもたない者が土地を使用していた場合についても公衆による通行の期間が40年に及ぶ場合には供与の推定を妨げることはないと定めた（同法 s.1(2)）。なお，それとひきかえに，賃貸地の所有者は通行権の供与の推定が成り立つ事態となることを妨げるために供与の意思がないことを示す掲示を自らなすことが認められ（同法 s.1(5)），信託の残余権者はやはり自ら不法侵害訴訟（trespass）や差止命令（injunction）を求める訴えを提起することが認められた（同法 s.4）。

　その後，1949年国立公園とカントリーサイドへのアクセス法（National Parks and Access to the Countryside Act 1949）は，後者の場合の40年の期間を20年に短縮し（1949年法 s.58(1)），借地人や信託における受託者が占有している場合であっても所有者が占有している場合と同様に20年の通行により通行権の供与の推定が可能となった。

2.5. 通行権のマップ化

　先に見たように通行権の発生原因は様々であるが，古来から，あるいは少なくとも一定程度前から公衆が通行に用いている道に公衆の通行権が存在するかどうかが問題となる場合に，通行権の存在を主張する側が依拠するのは過去の

囲い込みの際の文書や地図などの資料，もしくは，あるいはそれに加えて20年以上にわたる権利としての通行による供与の推定である。通行権の存在が問題化した場合に常に訴訟などを通じてその都度その存在・不存在を確認しなければならないとするなら，それは通行権を主張する側，主張される地主や利用権者等の側双方にとって負担が大きい。加えて，あるときには安定的に通行が認められていたとしても，時間の経過とともに曖昧化，不安定化するおそれがある。歴史的に見ても実際にそのような形で失われた権利通行路は多いと思われるし，それをめぐって多くの紛争が生じ，社会問題化しているわけであるから，通行権の存在について何らかの形で公的に確認し，その記録を保存する手段が求められることになるのは当然である。それを実現したのが公的な記録たる権利通行路確定地図（definitive map）である。

　確定地図の作成・修正の仕組みが制度化されたことは権利通行路の維持，さらには紛争の予防および解決において画期的な意義を有している。加えて，その時々の記録の最終形である確定地図が調査当局（surveying authority）たるカウンティ議会（county council）などの責任で作成されるだけでなく，それをもとにして権利通行路を載せた準公式といっていいOSマップ（Ordnance Survey map）が市販されている。この地図はフットパスを道標等により現地で示すこととあわせて公衆による権利通行路利用の便宜を大きく改善するとともに，紛争の予防の面でも大きな効果を発揮している。ただし，権利通行路のマップ化は困難な過程を辿ることになる。

　1949年国立公園とカントリーサイドへのアクセス法（National Parks and Access to the Countryside Act 1949）は，フットパス，ブライドルウェイおよびRUPPを登録する確定地図を調査当局が作成，維持するという制度を導入した[12]。地図には付属記載書（statement）がつけられ，道の場所と幅に関する情報や通行権に関連する制限や条件を記載することになっている。

　1949年法は詳細な調査と当事者からの異議等に対する慎重な審査を経て確定的なマップを作成し，それを定期的に再審査し，改訂していくこととしていた。地図の制定過程はドラフト・マップ（draft map）の作成，それを修正したプロビジョナル・マップ（provisional map）の作成，そしてさらに必要な修正を施

131

して最後に確定地図（definitive map）を作成するという3段階で構成され，それぞれの過程で異議申立とそれについての審査の仕組みが組み込まれるなど，詳細かつ慎重な，しかしながら手間のかかる仕組みとなっていた。

　若干細かく見てみよう。まず調査当局たるカウンティ議会がパリッシュ議会やディストリクト議会との協議を経た上で公衆の通行権が主張されている全土地を調査し，ドラフト・マップと付属記載書を作成する（1949年法 s.27-28）。それについては調査当局に対する異議，再異議などが可能とされ，加えて最終的には国務大臣への訴えも可能とされていた（同法 s.29）。そしてそれらの審査による修正を経てプロビジョナル・マップと付属記載書が作成される（同法 s.30）。土地の所有者や賃借人等の側はこのプロビジョナル・マップに対しても四季裁判所（quarter sessions）[13]へ訴えることができ，その決定を反映させて確定地図が作成される（同法 s.31-32）。このような3段階でのマップ作成による慎重な審議手続きが組み込まれていた。なお，この確定地図に対しても，権限逸脱や手続き違反等の理由に限られるが，高等法院（High Court）への訴えが認められていた（1949年法 Sch.1 Pt 3 para 8）。

　この確定地図はそれぞれ5年以内の期間を経てのカウンティ議会による定期的な再審査を行うことが求められていた（1949年法 s.33(3)）。再審査では，前回の調査や再審査の時以降に生じた，もしくは失われた権利通行路についての変動を反映させるだけでなく，前回の確定地図に誤って載せられなかった道を追加することができるとされていた（1949年法 s.33(2)）。ただし誤って載せられた道を取り除くための規定はなかった。

　1968年カントリーサイド法（Countryside Act 1968）では，3段階での地図の作成を行わなくてもよいとするなど，審査の過程を短縮するとともに，新しい証拠が当局により発見された場合，もしくは前のときには考慮に入れられなかった証拠が当事者により示されたときには確定地図を変更して道を取り除くことをも可能とする改正が行われた（1968年法 Sch.3 Pt 1）。ただし，その道の認定により損害を被る当事者が前のマップの準備の過程で提示できたであろうと調査当局が判断する証拠については，その提示を怠った正当な理由がない限りその証拠を考慮に入れることはできないという制限がつけられている（同

上）。

　さらに，1981年野生生物とカントリーサイド法は，定期的な再審査を行う制度から，いつでも誰でもが修正命令（modification order）を求める申請をすることができるとする「継続的審査」の制度へと審査制度の大きな転換を図った（1981年法 s.53）。

　このようにして作成された権利通行路確定地図と付属記載書は，準拠日（地図が作成され，あるいは変更されるための調査がなされた日）においてそのような公衆の通行権が存在することの確定証拠となる（1981年法 s.56）。したがって，通行権が確定地図に記録されると，それが誤ってなされたものであっても法的には存在するものと扱われる。もちろん，確定地図からの削除やダウングレードを求めて先に述べた修正命令の申立てをすることはできる。また，確定地図は記載された通行権があることの確定証拠とはなるが，それをこえた通行権の存否については影響を与えないとされている（1981年法 s.56）。すなわち地図は最低限の権利を示すという効果しかない。したがって，たとえばフットパスが確定地図に記載されていれば，そこにフットパスがあることの確定証拠となるが，それ以上の権利，例えばブライドルウェイがないという確定証拠とはならない。なお，ブライドルウェイが記載されていても自転車での通行権が存在することについての確定証拠とはならないとされていたが，1968年カントリーサイド法（Countryside Act 1968）でブライドルウェイにおける自転車の通行が一般的に認められることになった（1968年法 s.30）。

　このような制度となっているため，実は確定地図と言いながらも，新たに発見された証拠によりそこに載せられていない権利通行路が新たに認定されるということがあり得ることになる。一般的にいえば，確定地図等の調査を行ったにもかかわらず権利通行路の存在を知ることなく新たに土地を購入してしまうというような事態が生じることは土地取引の安全を大きく阻害するものであるが，そのような事態が生じることが公的に認められていることになる。そこでそれへの対処策として，2000年カントリーサイドと通行権法は1949年以前に存在していた登録されていない権利についての登録期限を設けることとした。それによれば，1949年にすでに存在していた通行権については，2026年1月1日

に登録されていなければ，原則としてそれ以降は存在しないことになる（2000年法 s.53 and 56）。

　加えて，登録期限日以降には地図への無制限バイウェイの追加は行えなくなる（2000年法 Sch.5 Pt 1 para 4：1981年法 s.54A）[14]。さらに期限日以降は，誤ってブライドルウェイとして記載されていたフットパスについてはブライドルウェイになるものとされ，フットパスへの修正はできなくなる（2000年法 s.55）。

　この登録期限日という仕組みは土地取引の安全を確保するためには必要なものかもしれないが，証拠さえ見つかれば新たに通行権の認定が可能とされてきた制度の大きな変更であり，1949年にすでに存在していた通行権の登録が登録期限日までにかなりの精度で行われていないと大きな混乱をもたらすことになる。実際，政府からの資金でナチュラル・イングランドが過去の資料の調査などを行う事業が進められたが，実質的に破綻し，2022年には環境・食糧・農村地域省（Defra）がこの登録期限の廃止の声明を出すに到っている[15]。

3　英国のアクセス・ランド制度

3.1．アクセス・ランド前史

　カントリーサイドへの市民的アクセスを求める運動は司法や立法の面においてはフットパス等の権利通行路を確実に保全し，利用への障害を取り除いていくという課題と，コモンズやオープン・カントリーへの面的なアクセスの権利を確保する，あるいは創造するという課題とに併行して取り組んできた。しかしながら，フットパス等の権利通行路をめぐる制度的な改革と，コモンおよびオープン・カントリーへの面的なアクセスを進める改革は，司法においても立法においても，基礎とするコモン・ローにおける法理の違いを反映してそれぞれ異なる形で展開することになった。

　オープン・カントリーへの公衆の面的アクセスに関するコモン・ローの状況は確かにフットパスを認めるコモン・ローの法原則とは比べるべくもない状況であった。特定の教区の住民たちが一定土地にレクリエーションや健康のためのエクササイズ等のために立ち入り，利用する慣行が古くからのもので，継続

的に行われ，確実で，合理的なものである場合に「その住民たちに」法的に有効な権利を生じさせることがあることはコモン・ロー上認められていた。しかしながら，19世紀にはしだいにオープン・カントリーに立ち入って歩き回ったりレクリエーションを行ったりする権利への社会的要求が大きくなってきていたにもかかわらず，たとえ人々がオープン・カントリーたる土地に立ち入り，歩き回る長期の慣行があったとしても，それら土地の上に「公衆が」立ち入り，歩き回ることが法的な権利として認められることはなかった（Riddall & Trevelyan 2007：386-387）。

　そのためオープン・カントリーにおける公衆の面的アクセス権の確立は基本的に立法を通じて進められることになった。そのなかでも画期的な意義を持つのは1949年国立公園とカントリーサイド法である。この法によりディストリクト議会などの地域計画当局（local planning authority）はオープン・カントリーを公衆のアクセスに開かれたものとする合意を土地所有者等と結ぶことができるようになった（1949年法 s.64）。また，地域計画当局は，土地所有者等がそれを望まない場合にも公衆のアクセスを認めさせるアクセス命令（access order）を発することができるようになった（1949年法 s.65）。これにより当局には公衆の面的アクセス権設定のための一定の強制力が与えられたわけである。もっとも，アクセス命令を発する場合にはそれによる対象地の減価分を補償することが求められたため（1949年法 s.70-73），現実にはアクセス命令はほとんど発せられることはなかった（Riddall & Trevelyan 2007：367）。

　なお，すでに上の説明ではオープン・カントリーという語を便宜的に使用してきたが，実はオープン・カントリーという概念はこの1949年法で導入されたものである。同法でオープン・カントリーとは「その全部，もしくは大部分が山岳，湿原，ヒース，草原丘陵地，崖，前浜（前浜に隣接する州，沿岸州，砂丘，浜辺，平州その他の土地を含む）（mountain, moor, heath, down, cliff or foreshore (including any bank, barrier, dune, beach, flat or other land adjacent to the foreshore))」からなると当局が判断する地域と定義されている（1949年法 s.59(2))[16]。

　次に，コモンズへの公衆のアクセス権確立に向けた動きを見てみよう。オー

135

プン・カントリーとは異なり，コモンズへの公衆のアクセス権確立へ向けた動きは実はかなり早い時期の囲い込み立法の中に見ることができる。すなわち，19世紀に入って制定されるようになる一般法としての囲い込み法は私法律による囲い込みにおいては必要とされた議会請願の手続きを不要とするなど，基本的には囲い込みを容易化するものであったが，健康やレクリエーションの場として使われていたコモン・ランドを含む大量の囲い込みが行われていることに対して批判が強くなってきていたことを反映して，囲い込みを実質的に制限して公共的な利益との調整を図るための規定をも組み込んだ立法がなされていくようになる。

　コモンズに関して特に大きな影響を与えたのは1866年首都圏コモンズ法（Metropolitan Commons Act 1866）と1876年コモンズ法（Commons Act 1876）である。1866年法は囲い込み，特に都市近郊にあるコモンズの囲い込みに対する社会的な反発が高まったことを受けて，首都圏コモンズ，すなわち首都圏警察管轄区（Metropolitan Police District）に一部でも含まれるコモンズの囲い込みを禁止した（1866年法 s.5）。また，1876年法はコモンズの新たな管理組織形成のための手法の導入を目指すと同時に，囲い込みにあたって当該地の住民や近隣住民の利益を尊重することを求める一般囲い込み法の流れを引き継ぐものであった。同法は，法の規定自体としては囲い込みにあたってレクリエーションの場などとしての近隣住民の利益のへの配慮が必要とされることを規定していたにすぎないが（1876年法 s.7），現実的な運用においては，この後，囲い込みにあたっては公衆一般のアクセスを認める措置がとられなければならないとされるようになった（Cousins, Honey & Craddock 2020：392）。

　以上のようなコモンズの公衆の健康やレクリエーションのためのアクセス地としての保存，コモンズに対する公衆の面的アクセス権確保のための立法的取り組みは，1925年財産権法（Law of Property Act 1925）に引き継がれる。1925年法は首都圏コモン（metropolitan common），およびバラ（borough），アーバン・ディストリクト（urban district）にあるコモン[17]における公衆の「空気と運動のための（for air and exercise）」アクセス権を正面から認めるにいたった（1925年法 s.193(1)）。また，同法はそれ以外のコモンズについても地主等が同

様のアクセス権に服することを宣言できると定めている（1925年法 s.193(2)）。

3.2. 2000年カントリーサイドと通行権法の成立

　以上に見てきたように，特に1925年財産権法および1949年国立公園とカント
リーサイドへのアクセス法を見ると，少なくとも20世紀の半ばまでには都市コ
モンズおよびオープン・カントリーへの公衆のアクセス権を認める制度的な枠
組み，手法がかなりの程度まで形成されてきていたことがわかる。もっともコ
モン・ランドについては適用地域に限定があるという点で，またオープン・カ
ントリーについては実質的に地主等の個別的な合意が前提になるという点で，
大きな制約が残された状況にあった。

　そのため1980年ごろからカントリーサイドへの面的なアクセスの拡大を求め
る声が一段と大きくなり，実力行使を含む運動が展開されるようになる。特に
有名なのはランブラーズ協会が取り組んだマス・トレスパス（mass trespass）
のキャンペーンである。これは公衆に開かれていないコモンズやオープン・カ
ントリーに集団で入り込むというものである[18]。この運動は社会に大きなイ
ンパクトを与えた。

　これらの土地への公衆のアクセス権を求める側の考えは，この運動を主導し
たランブラーズ協会がこのマス・トレスパスのキャンペーンに与えた
「Forbidden Britain」という呼び名や，この問題に関するショアド（Marion
Shoard）の著名な書籍の *This Land is Our Land*（1987）という書名が象徴的
に示している。カントリーサイドの土地所有権の在り方に関わる根本的な異議
申立がなされ，土地所有者等と激しく対立した。

　そしてそれはメージャー（John Major）からブレア（Tony Blair）への政治権
力の移行の中で政治的に解決されることになった。ブレアが率いる労働党は
1997年の総選挙で勝利するが，この総選挙に際して労働党はコモンズとオープ
ン・カントリーへの公衆の面的アクセス権の確立をマニフェストに掲げており，
政権奪取によりそれに本格的に取り組むことになる。そしてついにコモンズと
オープン・カントリーへの面的なアクセスをほぼ全面的に認める2000年カント
リーサイドと通行権法が成立する。

3.3. アクセス・ランド①：オープン・カントリーとコモンズ

2000年カントリーサイドと通行権法は，いかなる人であっても一定の制限に服する限り「野外レクリエーションの目的でアクセス・ランドに立ち入り，そこにとどまる権利を有する」（2000年法 s.2(1)）と規定している。そしてこの法律に基づいてほとんどのオープン・カントリーとコモン・ランド（common land）がアクセス・ランド（access land）とされることになった。加えて地主等が公衆のアクセスを認めた土地がアクセス・ランドとなる仕組みも組み込まれている。またその後，2009年海洋と沿岸アクセス法（Marine and Coastal Access Act 2009）によりコースタル・マージン（coastal margin）がアクセス・ランドに加えられた。ただし，これらいずれの土地においても除外地（excepted land），および他の法律の規定により公衆のアクセスが認められている土地はアクセス・ランドからははずれることになっている。

若干細かく見てみよう。まず，オープン・カントリーとされるのは，「アクセス・ランド確定版地図（map in conclusive form）にオープン・カントリーとして示されている土地」（2000年法 s.1(1)(a)），および「オープン・カントリーに関するそのような地図が発行されていない地域で，海抜600メートル以上に位置する土地」（2000年法 s.1(1)(d)）である。

基本的にオープン・カントリーはアクセス・ランドを示すために作成される確定版地図にそれがオープン・カントリーだと示されて初めてアクセス・ランドとして公衆のアクセスが認められることになるとされている。ただし海抜600メートル以上の土地（基本的に山岳地とされる）は，除外地等に該当しなければ，その地域についての地図が作成される前の段階であってもアクセス・ランドとして公衆のアクセスが認められる。ちなみに海抜600メートル以下にも山岳地と分類される土地はあるが，そこは地図にオープン・カントリーとして載って初めてアクセス・ランドとなる。

ここで登場するアクセス・ランド確定版地図はイングランドについてはナチュラル・イングランド（Natural England）（当初はカントリーサイド・エージェンシー（Countryside Agency））の責任で，オープン・カントリーと登録済みコモン・ランドを示すために，〈草案版（map in draft form）の発行 → 申

立て（representation）を受けての修正等　→　暫定版（map in provisional form）
の発行　→　土地についての利害関係者からの国務大臣への訴え（appeal）を
受けての修正等（この過程では聴聞などを含む慎重な審査が予定されている）
→　確定版地図（map in conclusive form）の作成〉という過程を経て発行され，
イングランドにおいては20年以内ごと（当初は10年以内ごととされていた）の
再審査がなされるものとされている（以上，2000年法 s.4-10）。

　説明が前後するが，2000年法におけるオープン・カントリーとは「適切なカ
ントリーサイド機関が，そのすべてまたは大部分が山，湿原，ヒースまたは草
原丘陵地（mountain, moor, heath or down）で構成されていると判断する土地」
で，「それらのなかに改良草地および半改良草地は含まれない」（s.1(2)）とさ
れている。ここでいう「適切なカントリーサイド機関」はイングランドにおい
ては当初はカントリーサイド・エージェンシーとされていたが，その後の機構
改革でナチュラル・イングランドに引き継がれた（s.1(2)）。

　オープン・カントリーは1949年法では，その全部，もしくは大部分が「山，
湿原，ヒース，草原丘陵地，崖もしくは前浜（前浜に隣接する州，沿岸州，砂
丘，浜辺，平州その他の土地を含む）」（1949年法 s.59(2)）とされていたが，
2000年法のオープン・カントリーの定義には沿岸地域にあたる土地の分類が含
まれていない。しかしながら，2000年法にはその制定時から沿岸地域をパブ
リック・アクセスの対象地とすることを予定する規定が置かれ，そのような
「沿岸地（coastal land）」として「前浜（foreshore）」と「前浜に隣接する土地
（特に，前浜に隣接するあらゆる崖，州，沿岸州，砂丘，浜辺，平州その他の
土地を含む）（land adjacent to the foreshore (including in particular any cliff,
barrier, dune, beach or flat which is adjacent to the foreshore))」が挙げられていた
（2000年法 s.3(3)）。したがって2000年法成立の段階で，実質的には1949年法と
同じ沿岸地域をパブリック・アクセスの対象としていくことが予定されていた
と言うことができる。実際に2009年海洋および海岸アクセス法（Marine and
Coastal Access Act 2009）でそれが実現した。

　もっとも1949年法のオープン・カントリーの定義は，1968年カントリーサイ
ド法（Countryside Act 1968）により，カントリーサイドにおける森林地，川や

運河，河岸地などをも含むものへと拡大されている（1968年法 s.16）。それと比較すると2000年法によるオープン・カントリーの定義は，そこに先に述べた沿岸地域を含めたとしても，森林地や川などを含まない点で縮小されていることになる[19]。地主等の合意を問題とせずに公衆のアクセスを認めるということに配慮したのであろうか。このためカントリーサイドへのパブリック・アクセスを推進する運動を行っている人々からは，アクセス・ランドを森林地や河岸地へも拡大するということがこの面での残された課題として挙げられることが多い。

コモン・ランドについて2000年法は，「登録されたコモン・ランドとして上記の地図（確定版地図…筆者）に表示されている土地」（2000年法 s.1(1)(b)），および「インナー・ロンドン以外の，登録されたコモン・ランドに関するそのような地図が発行されていない地域の登録されたコモン・ランドである土地」（2000年法 1(1)(c)）がアクセス・ランドであると規定している。

コモン・ランドとは日本でいう入会地のことであるが，コモナー（入会権者）達が自ら土地の所有権をもつ（総有する）のではない。別に地主がいる土地（コモン・ランド）において，コモナーたちが放牧とか泥炭採取などの形で一定産物の利用・採取を行う権利を行使するというのが英国におけるコモン・ランド利用の基本的な形である[20]。

コモン・ランドについては1965年コモンズ登録法（Commons Registration Act 1965）により導入され，2006年コモンズ法（Commons Act 2006）に引き継がれた登録制度があり，それによってどこが登録されたコモン・ランドであるかが分かることになっている。そのためアクセス・ランドの地図ができていないところでも登録されているコモン・ランドについてはアクセス・ランドとして公衆のアクセスが認められることとされたわけである。

これらに加えて，地主等により公衆のアクセスのために供与された土地，すなわち公衆にアクセス権が与えられた土地がアクセス・ランドとなる（2000年法 s.1(1)(e)）。供与をすることができるのは当該土地についての現有絶対単純不動産権（fee simple absolute in possession）[21]を有する者，もしくは90年以上の残存期間があるコモン・ロー上の絶対不動産定期賃借権（legal term of years absolute)^(22)を有する者に限られ（16条1項），後者の場合には供与はその残存期間についてのみ効力を有するとされている。供与をなす者の他に当該土地について現有絶対単純不動産権者や絶対不動産定期賃借権者からより短い期間の賃借権を与えられている者などがいる場合には，供与をなす者はそれらの者と一緒に，もしくはそれらの者の同意を得て供与をしなければならない（2000年法 s.16(2)）。一度供与がなされるとそれを撤回することはできず，当該土地についてその後権利を承継した者をも拘束する（2000年法 s.16(7)）。

3.4. アクセス・ランド②：コースタル・マージン

　さて，先に触れたように2000年法は沿岸地域をアクセス・ランドにする旨の規定を直接には置いていなかったが，将来における展開に向け，イングランドにおいては国務大臣，ウェールズにおいては国民議会が命令（order）によってオープン・カントリーの定義を沿岸地（coastal land）を含むものに変更することができると規定していた（2000法 s.3）。その後イングランドでは2009年海洋と沿岸アクセス法が制定され，2000年法のオープン・カントリーの定義のなかにコースタル・マージンが加えられた（2009年法 s.303，2000年法 s.1(1)(da)）。

　コースタル・マージンについては，2009年法により追加された2000年法3A条に基本的な考え方が示され，その後同条に基づいて定められた2010年の命令^(23)にその具体的な定義が示された。それによれば，イングランドの海岸沿いを一周するイングランド・コースト・パスというロングトレイルを作り，基本的に，そのパスの上，そのパスの海側の海岸までの土地，およびパスの陸側でパスに隣接する沿岸地をコースタル・マージンと認定して公衆のアクセスを認めるものとされている^(24)。

　イングランド・コースト・パス^(25)は海岸の周縁部に設定されるため，通常はルートの陸側のコースタル・マージンはそれほど大きなものにはならない。とはいえ，結局のところパスの海側にあっても陸側にあっても，コースタル・マージンとなるのは，少なくともまわりの土地と一体的に判断して沿岸地だとみることができる土地に限定されている（ただし，地形などとの関係で若干の出し入れは可能とされている）。イングリッシュ・コースタル・ルートあるい

はイングランド・コースト・パスへの隣接という技術的要件を介在させつつも，結局のところは沿岸地と判断することができる土地しかコースタル・マージンとしてアクセス・ランドにはならないという大きな枠付けが貫徹している。このような形で，コースタル・マージンの認定においても，濃密な利用がなされている土地が公衆のアクセス権に服することはないとの原則，そしてそれを通じての公衆のアクセス権と土地所有者等の利益のバランスへの配慮が貫徹していることが確認できる。

3.5. 除外地

公衆のアクセス権と土地所有者等の利益のバランスへの配慮という原則は除外地（excepted land）という仕組みにも反映している。制定時の2000年法が除外地と指定していたのは以下の13類型の土地である（2000年法 Sch.1 Pt 1）。

1. 作物または樹木の植え付けまたは播種のための耕作や掘削により土壌が攪乱されている，または過去12か月以内のいずれかの時点で攪乱された土地。
2. 建物の敷地，またはその周囲。
3. 住居から20メートル以内の土地。
4. 公園や庭として使われている土地。
5. 鉱物の地表作業による採取（採石を含む）に使用されている土地。
6. 鉄道（軽便鉄道を含む）または路面電車のために使用されている土地。
7. ゴルフ場，競馬場または飛行場のために使用されている土地。
8. 前項までのいずれの項にも該当しない，法定事業または電気通信コード・システムのために用いられる施設の敷地，またはその周囲。
9. その土地が第2号から第8号までのいずれかに該当する土地になるという帰結をもたらす開発が行われている土地。
10. 家畜を収容するために使用される，一時的または移動可能な構造物ではない建物から20メートル以内の土地。
11. 家畜の一時的な受け入れまたは収容のために使用される囲いの敷地。

12.　競走馬の調教にいつも用いられている土地。

13.　1892年軍用地法（Military Lands Act 1892）第14条または1900年軍用地法（Military Lands Act 1900）第2条に基づく条例によってその使用が規制されている土地。

　その後2009年法で改正された2000年法は，上記1の「作物・樹木の播種・植え付けのための土壌攪乱地」，3の「住居から20メートル以内の土地」，7のうちのゴルフ・コース，8のうちの防水施設，海防施設，10の「移動可能ではない家畜収容建築物から20メートル以内の土地」，12の「競走馬調教用の土地」については，それらがコースタル・マージンに含まれる場合には除外地とはならない旨を規定するとともに，コースタル・マージンのみについての除外地としてキャンプ場，オートキャンプ場，公道，埋葬地，学校用地を追加している（2000年法 Sch.1 Pt 1）。

　これらの除外地は，あくまでも大部分がアクセス・ランドとみることができる土地内において部分的に存在する上記1から13までに該当する土地をアクセス・ランドからはずすというものである。これは英国のオープン・カントリーやコモン・ランドにおける現実の土地利用に即して定められたものであると思われるが，アクセス・ランドの中で具体的にどのような形で除外地として挙げられている土地利用がなされているのか，そして一般のアクセス・ランドとコースタル・マージンにおいて異なる適用の仕方が必要になるものがなぜこれほどの数に及ぶのかは理解しにくい。

　例えば1の「作物または樹木の植え付けまたは播種のための耕作や掘削により土壌が攪乱されている」土地，そして3の「住居」や4の「庭園」などが何故アクセス・ランドのなかに存在することになるのか気になるが，Riddall & Trevelyan（2007）は1の具体的な例として，主にムーアランド（泥炭質の荒れ地）である土地もしくはサイレージ用の草地である土地の中で過去12か月以内に牧草を植えるために土地を耕したり掘削したりしたところ，そして3および4の例としては狩猟場番人の小屋およびそれに付随する小庭園や菜園を挙げており（Riddall & Trevelyan 2007：373-374），参考になる。

なお8の法定事業とは水道，ガス，電気通信事業など日本でいう公益事業に近い概念で，英国ではそれらが早い時期から法律により許可された民間事業者により運営されるようになっている。

またコースタル・マージンについては公道も除外地とされているが，権利通行路も含めて公道には公衆の通行権があり，除外地となることにより公衆の通行が排除されるわけではない。

3.6. アクセス・ランドにおける占有者責任

アクセス・ランドにおいてはそこに立ち入った公衆がその土地が内包する危険のために，すなわちその土地が危険な状態であったために怪我をした場合などにおける責任も軽減されている。この責任は英国法では占有者責任（occupiers' liability）と呼ばれ，日本でいう土地工作物責任や営造物責任に近いものである[26]。もっともその法的構成は相当に異なる。

英国において土地・建物等の占有者（これは土地・建物などの固定構造物の占有者だけでなく，舟，車，航空機等の可動構築物の占有者をも含む相当に広い概念である）が土地等に立ち入り土地等に内在していた危険のために怪我をした者などに対して負う占有者責任は，1957年占有者責任法（Occupiers' Liability Act 1957）が成立する前のコモン・ローにおいては，土地に立ち入った者が被誘引者（invitee），被許可者（licensee），無断侵入者（trespasser）のいずれであるかによって異なるものとされていた。すなわちそれぞれの者に対して占有者が負うべき注意義務が異なるとされていた。被誘引者と被許可者の区別，そしてそれぞれの場合に占有者が負うべき責任の内容について判決に混乱が生じてきていたことを受け，1957年の占有者責任法は被誘引者と被許可者の区別をなくして訪問者（visitor）という新しい概念の下に統合するとともに，その場合に占有者に求められる「一般的な注意義務は，訪問者が占有者によってそこに立ち入るよう招かれた，もしくは許可された目的のために当該土地建物等を使用する際に訪問者が合理的に安全であるように，あらゆる事情を考慮して合理的な注意を払う義務である」（1957年法 s.2(2)）として，高い注意義務を課すことで統一した。

　またコモン・ローは，占有者は無断侵入者に対しては注意義務を負わないと
していたが，1970年代になって注意義務を負うことがあり得る旨を判示する判
決[27]があらわれるなどしたため，無断侵入者に対する占有者責任の明確な
ルール化を目指し1984年占有者責任法（Occupiers' Liability Act 1984）が制定さ
れた。同法は，占有者がその危険を知り，または危険が存在すると信ずべき合
理的理由があり，かつ訪問者以外の者（そのほとんどは無断侵入者である）が
その危険の近くにいることを知り，または近くに行くかもしれないと信ずべき
合理的な理由があり，加えてその危険に対する占有者による相手方への何らか
の保護の提供があらゆる事情を考慮して合理的に期待できるものである場合に
は，占有者は訪問者以外の者に対してその生命身体が害されないように合理的
に注意する義務を負担する。そしてその義務は訪問者以外の者が当該危険のた
めに当該不動産等のなかで怪我をしないように，あらゆる事情を考慮して合理
的といえる注意を払うことである，としている（1984年法 s.1(3) and (4)）[28]。

　同法は占有者が無断侵入者に対して責任を負うべき場面を，占有者が危険を
知り，または当然知るべき場合で，かつ無断侵入者等がその危険の近くにいる
ことを知り，または近くに行くかもしれないと考えるべき場合に限定している。
また占有者等が侵入者に提供すべき保護責任はあらゆる事情を考慮して合理的
といえる注意に限定されており，「合理的といえる注意」の解釈次第では占有
者の責任は相当に限定的なものとなる。加えてこの法律による占有者の責任は
立ち入った者の生命身体への侵害についてだけに限定されている。とはいえ，
無断侵入者に対する占有者責任の成立を基本的には認めないという従来のコモ
ン・ローの原則からすれば，大きな転換が同法によりなされた，あるいは確認
されたということは間違いない。

　アクセス・ランドに立ち入る公衆は，アクセスが法により認められていると
いうことからすれば訪問者の類型に属するということになるはずであるが，
2000年法は1957年法1条4項を改正し（2000年法 s.13(1)(a)），2000年法により
付与されたアクセス権によりアクセス・ランドに立ち入る者は1957年法の訪問
者ではないと規定した（1957年法 s.1(4)(a)）。ちなみに改正前の1957年法にお
いてすでに1949年国立公園とカントリーサイドへのアクセス法のもとでのアク

セスの合意もしくは命令により付与されるアクセス権の行使により不動産等に立ち入る者は1957年法の訪問者ではないと規定されており（1957年法 s.1(4)），それは2000年法により改正された1957年法においても維持されている（1957年法 s.1(4)(b)）。

そのうえで2000年法は1984年法を改正し，2000年法による公衆のアクセス権を行使して土地に立ち入る者に対しては，占有者が「(a)景観の自然の地物，または自然の地物であるかどうかにかかわらず川，小川，溝，または池の存在に起因する危険，もしくは(b)門やスタイルを適切に使用する場合を除いて，塀，垣，門の上，下，または中を通過する際にその人が怪我をする危険」について責任を負うことはないと規定した（1984年法 s.1(6A)）。また，植物，低木，または樹木は，その出自を問わず，景観の自然の地物と見なされるとしている（1984年法 s.1(6B)）。

他方で，「占有者が(a)危険を生じさせる意図を持って行ったこと，または(b)危険を生じさせるかどうかに関して極めて軽率に判断して行ったことによって生じた危険に関して占有者が本条による義務を負うことを妨げるものではない」（1984年法 s.1(6C)）とされているから，土地等に内在する危険についての占有者責任が完全に排除されているというわけではないが，訪問者以外の者に対する一般的な占有者責任と比べてもアクセス・ランドに立ち入る公衆に対する土地所有者等の責任は大きく制限されている。

なお，2009年法でコースタル・マージン制度が導入された際に，同法は1984年法を改正し，コースタル・マージンにおいては「（景観上のものかどうかを問わず）あらゆる物質的な構成物の存在に起因する危険」に関して占有者は占有者責任を負わないという内容の規定を置いた（1984年法 s.1(6AA)）。これは，コースタル・マージンにおいては自然の地物，すなわち土地上に自然に存在する構成物だけではなく，人工的な構成物に起因する危険に対しても土地の所有者等は占有者責任を負わないとの規定であり，海岸においては様々な人工物が設置されていることを考慮してのものと思われる。

これらの規定に加えて，2000年法は1984年占有者責任法に1A条を加え，アクセス・ランドにおいて土地の占有者が1984年法1条により何らかの義務を負

うかどうか，また負うとすればいかなる義務を負うかを決定するにあたって特に考慮すべき事柄の一つとして，公衆のアクセス権「の存在が占有者に不当な負担（金銭的か否かを問わない）を課すべきではないという事実」を挙げている。地主等の負担として真っ先に思い浮かぶのは，占有者責任を避けるために必要となる措置のための，あるいは占有者責任をめぐる訴訟に対応するための金銭的な負担などであろう。それがただちに不当な負担ということにはならないであろうが，このような規定が置かれたということは，2000年法によるアクセス・ランド制度の導入によって土地所有者等の負担が増加しないように相当に配慮した立法が行われたということを示していると見ることができよう。

　さらに，2000年法は1957年法と1984年法を改正するための規定の前に，より一般的に，「アクセス・ランドに関連する2条1項の施行は，その土地の状態，あるいはその土地で行われ，または行われなかったことについての，この法律に含まれていない法令または法規範のもとでの，アクセス・ランドまたはそれに隣接する土地に利害関係を持つ人の責任を増加させるものではない」（2000年法 s.12(1)）との規定を置いている。立法者がアクセス・ランドおよびその隣接地の土地所有者等の利害についてどれだけ周到な配慮をしていたかということを示す条文である。

3.7. アクセス・ランド制度における公衆のアクセス権と土地所有者等の利益のバランス

　以上の検討から，まず，コースタル・マージンを含めたアクセス・ランド全体について，土地の物理的状況に加えてその利用状況が対象地決定の基礎をなすという原則が貫徹していることが確認できた。すなわち公衆のアクセスが現状の土地利用への侵害となってしまわないように，濃密な利用が現状ではなされていない土地，いわば広い意味での荒蕪地といえるような土地と，コモン・ランドのような低度の粗放的な利用しかなされていない土地だけがアクセス・ランドとされているのである。2000年法のオープン・カントリーの定義において改良草地や半改良草地はオープン・カントリーには含まれないとの一文が挿入されていることがそれを象徴的に示している。そして大きな区域設定を主導

147

するルールとしてだけではなく，細かい除外地の認定などにおいても土地所有者等による土地利用を実質的に阻害しないことが追求されている。

　加えて2000年法では，アクセス・ランド制度の導入によって土地所有者等の負担が増すことがないように，アクセス・ランドを利用する公衆に対するアクセス・ランド所有者等の占有者責任を相当に限定する規定が置かれている。このこと自体は一般的にいっても合理的な制度設計と言うことができるであろう。しかしながら，それにとどまらず，2000年法には土地所有者等にアクセス・ランド制度の導入によって新たな経済的損失等の不利益が生じないようにするための規定が二重三重に置かれている。これはおそらくは2000年法立法当時のカントリーサイドへのパブリック・アクセスをめぐる社会的対立の存在という要素を抜きにしては理解できないものであるように思われる。

　このことはアクセス・ランド制度導入に伴う土地所有者等への補償が検討されながらも行われなかった（Sydenham 2010：264-265参照）ということとも密接に関係する問題である。アクセス・ランド制度の導入は当然ながら実質的に土地の利用や開発にとっての制限につながる可能性があり，また土地所有権の絶対的排他的な性格を前提とするなら，そのような土地所有権の自由を制限するという側面があることは否定できない。しかしながら，アクセス・ランド制度の導入にあたっては，アクセス・ランドの創設により土地所有者等は土地への公衆のアクセスを消極的に容認するということが求められるだけで，経済的な負担が新たに生じることはない。将来的な土地の開発もそれ自体としての手続きに従って容認され得る。したがってこの制度を導入することに伴う補償は問題にならない。このような論理により現行法制度，現行所有権秩序の中でアクセス・ランド制度の実質的な正当性を確保しようとの強い志向が存在するように感じられる。これは1949年法において，当局と土地所有者の合意が成立しない場合にはアクセス命令によりオープン・カントリーへの公衆のアクセス権を認めることができるという制度を導入しながら，土地の減価分の補償をしなければならないということが障害となってアクセス命令という制度がほとんど機能しなかったことへの反省に基づくものでもある。以上のような状況の中で，アクセス・ランド制度は土地所有者等への補償が必要とはならない制度として

設計されなければならなかったのである。

4 パブリック・アクセスの法的論理と所有権

　以上，かなり詳細に英国における権利通行路制度とアクセス・ランド制度についてみてきた。

　フットパス等の権利通行路については旧来からの慣行を基礎としてそれを法的にどのような類型のものとして整理するかについて，特にフットパスとブライドルウェイ以外のものの扱いをめぐって紆余曲折があった。また権利通行路は法的には土地上の通行権であり，基本的には土地所有者等が公衆に通行権を供与し公衆がそれを受け入れることにより成立するものとされているため，権利通行路が存在するかどうかの認定は供与の推定が認められるかどうかという形で行われることになっている。この認定についてはコモン・ロー上もある程度の容易化が進められてきていたが，大きな制約があり，1932年法以来の立法的な対応によりその認定が可能とされるための期間や条件の明確化，容易化が格段に進められるとともに，マップ化という実際上の強力な通行権保全手段も導入された。

　オープン・カントリーやコモン・ランドへの公衆のアクセスは，フットパス等による線的なアクセスだけでなくエクササイズや娯楽等のための面的なアクセスという面においても，少なくとも慣行的な利用行為としては社会的・歴史的な実体を有するものであった。それにもかかわらず，面的なアクセスについては，コモン・ロー上はあくまでも近隣コミュニティの住民の権利としてしか認められず，公衆の権利としての存在が基本的に否定されたまま，先駆的な立法的対応を経て，2000年法のアクセス・ランド制度として全面的に展開することとなった。これは，権利通行路の存在に関わる法の論理が，存在する権利としての通行権の確認・認定と性格づけられたうえで，供与の推定というある種のフィクションに媒介されつつコモン・ロー上も認定の幅が一定程度拡大され，その延長線上に立法的な手当がなされていくことになったのとは対照的である。

　このような事情を反映して，公衆の面的なアクセス権の確立という面におい

ては，本格的な制度の導入に先立つ先駆的な取り組みにおいてさえも立法が決定的な役割を演じざるを得なかった。また，カントリーサイドへの面的アクセスに抜本的な変化をもたらした2000年法のアクセス・ランド制度は，立法による公衆の権利の確認についての制度の改良というようなものではなく，立法による公衆への権利の付与，権利の創設という形をとらざるを得なかった。そのため，アクセス・ランド制度により与えられる公衆のアクセス権は権利通行路における公衆の通行権とは異なり土地所有権と正面からぶつかるものとなった。公衆へのアクセス権の付与は土地所有者に対してはその分だけの負担，自由の剥奪をも含めた意味での負担を課すということを意味する。加えて，2000年法によるアクセス・ランド制度の導入にあたっては土地所有者等に対する補償は行わないこととされたため，制度の正当性を確保するためにも，制度の導入によって少なくとも土地所有者等の現実的な利益を害することがないような制度設計が強く求められ，それは2000年法の条文上にも色濃く反映している。

　筆者がはじめて2000年法のアクセス・ランド制度を知った時の驚きは，この制度が上記のような配慮に裏付けられていることを知ると若干は緩和される。とはいえ，カントリーサイドへの公衆のアクセス権確保の公的な意義を法的に認め，それを実現するための制度を，実定的な所有権制度との調整を介在させながらも現実的なものとする2000年法が現代的な土地所有権制度全体に対して与えるインパクトは極めて大きいものである。特にそれが絶対性神話を脱却できないでいる日本の土地所有法制，そしてその底にある土地所有観念について考えるにあたって大きな示唆を与えるものであることに変わりはない。日本においても土地所有権等に対する公共の福祉のための必要な制限は当然に認められることとされてはいるものの，日本において，アクセス・ランド制度のような新たな制度の導入の是非，あるいはその実現可能性について現実的な問題として考えようとすると，その前提となる土地所有観念の日英における違いの大きさを改めて痛切に感じさせられることになる。

　もちろん，公共性の重要性や優先性を主張しさえすればよいというわけではない。日本においては，一方における土地所有権の絶対性や排他性の強調は，他方における公共性の「恣意的な」行使と一体的，相互媒介的なものとして存

150

在している。この逆説的ではあるが強固に絡まり合った機能不全状況を解きほぐすためには，地域における具体的な土地利用の課題に取り組む中で，「公共性」を地域から重層的に編み上げていくしかない[29]。カントリーサイドへのパブリック・アクセスという課題はその試金石たる意味をもつ。

　筆者は2000年法の制定直後からほぼ20年にわたって，英国においてカントリーサイドへのパブリック・アクセスの拡大に尽力している方々，さらには地主など土地に利害関係をもつ方々から，数は限られるとはいえ，お話を聞いてきた。2000年法の成立直後はフットパスなどをめぐってもウォーカーと土地所有者等との対立を感じさせる出来事に出会うことが珍しくはなかったが，年数を経るにつれ両者の関係は落ち着き，安定したものになってきているように感じられる。確かにイングランド市東部と北部では，政治風土をも反映して若干の違いを感じることもあるが，総じてこの制度を基本的には受け入れたうえでの利害の調整や協力関係の構築が課題になっていて，現在はこの制度自体の存廃が問題となるような段階ではないというのが実感である。これには，近年ではフットパスやアクセス・ランドがカントリーサイドへ人々を呼び込むツールとしての重要性を増してきており，地域振興の一翼を担うものとして地域社会にとって重要なものと位置づけられるようになってきているということも影響しているように思われる。地主も地域社会のこのような期待に完全に背を向けることはできないと感じているように見える。

　2000年法によるカントリーサイドへのパブリック・アクセスの改善を目指した制度改革は沿岸部を含めて社会実装という意味での完成を迎えようとしている。上記のようにこの制度は社会に安定的なものとして存続するものとなっている。しかしながら，カントリーサイドへのパブリック・アクセスを目指す人々の究極の目標は一言でいえばカントリーサイドでの北欧的な万人権の確立である。今日においては，森林地や河岸地などへのアクセス・ランドの拡大に加えて，アクセス・ランドにおいて行うことが許される行為の拡大が具体的な制度改革の課題として挙げられることが多い。それらをめぐって今後どのような社会的・政治的な対立が生じ，どのような調整が行われ，さらにそれらが所有権制度の在り方にどのようなインパクトを与えることになるのであろうか。

英国での取り組みは，日本での草地や森林地，そして山岳地その他へのパブ
リック・アクセスの承認を目指す現実的な取り組み，さらにはそのような動き
を基礎づけうる新しい土地法制，土地所有観念の在り方を探る取り組みにとっ
て，今後も有効な示唆を与えつづけてくれるものと思われる。

注

(1)　本章で扱うフットパスおよびアクセス・ランドに関してイングランドとウェー
　　ルズはほぼ同じ制度をとっているがスコットランドはかなり異なる制度となって
　　いる。また，イングランドとウェールズにおいてもフットパスやアクセス・ラン
　　ドについての立法はそれぞれが別に行い，またその担当部局もそれぞれ別に存在
　　するなど，違いがある。本章では説明を簡略化するため，基本的にはイングラン
　　ドの制度についてのみ扱うこととする。また，イングランドのフットパス，アク
　　セス・ランドを指して英国のフットパス，英国のアクセス・ランドと呼ぶことに
　　する。

(2)　Walkers are Welcome を名乗り，また掲げ，ウォーカーを地域に招き入れよう
　　と活動する団体。詳しくは本書第2章参照。

(3)　加えて，平松（1995），岩本（1997），岩本（1998），平松（1999），平松（2002），
　　Sauvain（2004），三俣（2019），Cousins, Honey & Craddock（2020），などを参考
　　にしている。

(4)　「Legislation.gov.uk」（https://www.legislation.gov.uk）

(5)　common は通常は入会，common land は入会地と訳されるが，日本の入会や入
　　会地とは違いも大きいので，本章ではコモンやコモン・ランドという言葉を使う
　　ことにする。なおコモンという言葉はコモン・ランドと同じ意味で，すなわちコ
　　モンの権利（right of common）の対象となっている土地を指して用いられること
　　も多い。
　　　日本では資源の共同的な利用の仕組みやそのような仕組みの対象となっている
　　資源をさしてコモンズという言葉が用いられることがある。コモンズは元々はコ
　　モンの複数形であるが，土地に限らず，また英国のコモンの制度から離れてより
　　一般的に，資源を共同で利用する制度やその対象となる資源を指して用いられて
　　いる。本章でも以下においてコモンズという言葉を用いることがあるが，その場
　　合はそのような普遍的な意味でのコモンズではなく，英国で現実に存在するコモ
　　ンの複数形として用いている。

(6)　前身の the National Council of Ramblers Federations は1931年に設立されてい

る。

(7) 以上の英法についての説明については，田中（1967），伊藤・田島（1985），望月（1981）など参照。

(8) 上から見ると半楕円形の枠の範囲内で反対側から延びるゲートの先が動くようにされていて，人間はそのゲート可動部を押し引きしてそこを通過できるが家畜は通過できないようにした，放牧場等の出入口のゲート。

(9) 英国の地方自治（地方政府）の体制は複雑であり，また政権の移行とともに頻繁に変化してきたが，現行の体制についていえば概略以下のようなものと理解することができる。まず，カウンティ（county）とディストリクト（district）からなる2層制の形をとっているところと，1層制のところに分けられる。大都市圏以外のところでは2層制の形をとるのが今でも主流である。1層制をとっているところのうち，ロンドンでは London borough と City of London，他の大都市圏では metropolitan borough，そして大都市圏以外で1層制に移行したところでは unitary authority が地方自治体ということになる。

英国の立法においては地方自治体に権限を与える場合や責任を負わせる場合には具体的に組織名を挙げるのではなく，当局（authority）という言い方が用いられる。特に2層制をとっているところで，様々な事項についてそのどちらが権限を持つのか，責任を負うのかが問題となる。一般的に言えば，本章でしばしば登場することになる公道当局（highway authority）と調査当局（surveying authority）となるのは，一層性のところはそのそれぞれの地方自治体の議会，そして2層制のところではカウンティ議会（county council）である。

ここで council は通常は議会と訳されるが，英国の地方自治においては議会は立法のみを担当するのではなく，執行をも担っている。そのような意味をも込めて，当局となるのは議会（council）である。

ちなみに注記部分の文脈での「地方当局」は，（グレーター・ロンドンの外においては）「カウンティ議会，ディストリクト議会」を意味する（1980年公道法 s.25 and 26））。

(10) Riddall & Trevelyan（2007：41）はそれぞれ6年と3年で認められた例，Sydenham（2010：41）は18か月で認められた例を挙げている。

(11) 東京地判平20・4・24判タ1279号219頁。

(12) ロンドンやカウンティ・バラ（county borough）など都市部では調査は義務的なものではないとされ，また通常のカウンティ内でも住宅密集地は調査から除外することが可能とされた（1949年法 s.35）。

(13) その後裁判所制度の改革により国王裁判所（Crown Court）の管轄となる。

(14) 加えて，2006年自然環境と農村コミュニティ法（Natural Environment and

Rural Communities Act 2006）は，例外となる場合を除いて，機械駆動式自動車のための公衆の通行権が，開始日（ここでは2006年5月2日）に確定地図等に示されていない場合，もしくはフットパス，ブライドルウェイまたは制限バイウェイとしてしか示されていない場合には消滅すると定めている。

(15)　政府の資金によりカントリーサイド・エージェンシー（後にナチュラル・イングランド）が登録期限日までに権利通行路確定地図を完全なものにするための「Discovery Lost Ways プロジェクト」を立ち上げたが，期限日までにそれを完遂するのは困難であることが明らかとなり，このプロジェクトは実質的に破綻した。その後，the Stakeholder Working Group による権利通行路登録手続きの改善策などをも含む対応策の検討が行われ，その報告を受けて2015年規制緩和法（Deregulaion Act 2015）にはこの問題の改善のための規定が入れられた。そしてついに2022年には環境・食糧・農村地域省が登録期限日を廃止するとの声明を出すに至った。これにより目前に迫っていた危機的な事態の到来は回避されたが，根本的な問題はいまだ解決されずに残されたままになっている。

(16)　その後1968年カントリーサイド法は，1949年法におけるオープン・カントリーの定義にカントリーサイドにおける河川や運河，さらには一定範囲の河岸地などをも含め，より広いものとしている（1968年法 s.16(1) and (2)）。

(17)　ここでの首都圏コモンズとは首都圏コモンズ法における意味での首都圏コモンズ，すなわち首都圏警察管轄区に一部でも入り込んでいるコモンズのことを指すとされている。またバラとアーバン・ディストリクトはいずれも地方自治制度改変により今日そのものとしては存在しないが，いずれも都市部に位置している。

(18)　これはもちろん違法であり，それにより地主等に損害が発生すれば民事上損害賠償の責任を負うが，コモンズやオープン・カントリーを人々が歩き回ったとしても損害が発生するような事態になることは稀であろう。また，通常の場合であれば刑事上の責任は発生しない。

(19)　この点の指摘は Riddall & Trevelyan（2007：370）による。

(20)　鈴木（2009）のなかで詳しく解説している。

(21)　相続人の種類を問わず相続され，期間の制限がなく存続可能で，将来権ではなく現有の権利たる不動産権。本章の文脈では日本法における所有権と同視してよいであろう。

(22)　これも本章の文脈では日本法における賃借権類似のものと理解しておけば足りるであろう。

(23)　The Access to the Countryside（Coastal Margin）(England) Order 2010.

(24)　2009年法，それにより追加された2000年法3 A条，および2010年の命令に則してより詳しく説明すると以下のようになる。

　まず，2009年法は基本的な考え方として，ナチュラル・イングランドと国務大臣が沿岸部全体を通過するルートおよびそれとつながったコースタル・マージンを確保し公衆に良好なアクセスを提供するという職務を遂行するにあたっては，コースタル・ルートの安全や便利さ，ルートが沿岸地の周縁部に密着していて海を見るのに適していることが望ましいということなどを考慮すること，土地へのアクセス権をもつという公衆の利益と土地に関する利害関係を有する者の利益との公平なバランスをとることなどを目指さなければならないとしている。また，2009年法により2000年法に追加された3 A条は1項で「国務長官は命令により…コースタル・マージンとなる土地の定義を示すことができる」とした。そして2項で，その定義は，当該土地がそれぞれ全体として沿岸地であることを前提として，それが① イングリッシュ・コースタル・ルートのラインが通過する土地であること，② そのラインに隣接し，そのラインから指定された距離内にある土地であること，③ 上記②の土地に隣接する土地であること，に言及して行うものとすると規定している。

　そして2000年法3 A条に基づいて定められた命令は，より具体的に以下の定義に当てはまる土地がコースタル・マージンとして公衆のアクセスが認められる土地になるとしている。それは第一に，該当する土地が全体として沿岸地であることを前提として，① その上をイングリッシュ・コースタル・ルートの承認された部分が通過している土地，② そのラインに隣接し，そのラインの両側2メートル内にある土地，③ そのラインの海側にある，上記②の土地と前浜の海側の端との間の土地，である。加えて第二に，イングリッシュ・コースタル・ルートの承認された部分の陸側の土地のうち，①「崖，前浜，州，沿岸州，砂丘，浜辺，平州（cliff, foreshore, bank, barrier, dune, beach or flat）」，もしくは②「土地の種類を問わず，2000年法15条1項により2000年法とは別に公衆のアクセスが認められている土地で，いずれについてもそれらを第一に挙げた土地と一体のものとしてみたときに沿岸地であると判断できる土地」である（命令 s.3）。なお，高潮，洪水などに備えて定められる公式代替ルート（official alternative route）やナチュラル・イングランドにより通常ルートの一時的な使用制限が行われる際に指定される一時的迂回ルート（temporary route）の海側陸側それぞれ2メートル内もコースタル・マージンになるとされている。

　コースタル・マージンを定めるにあたっては，まずは準拠線としてのイングリッシュ・コースタル・ルートをどのように描くかいうことが問題となる。このイングリッシュ・コースタル・ルートというのはある種観念的なラインであり，その場所の選定について立法によりそれほど具体的に規定されているわけではないが，2009年法297条は「ルートが沿岸の周縁部に密着していて海を見るのに適し

ていることが望ましい」という方針を示している。実際には多くの場合において
はその上をフットパス等の権利通行路が通っている沿岸最周縁部のルートが選ば
れ，既存の権利通行路がない場合，あるいは海岸浸食その他の理由で公衆が通行
する場所として望ましくない場合には，より内陸側の権利通行路上に，もしくは
新たな権利通行路の設置を行ってその上にルートが引かれることとなる。これに
より実体としてイングランドの海岸沿いを一周するトレイル，すなわちイングラ
ンド・コースト・パス（England Coast Path）という1つのロングトレイルが完
成することになっている（2022年10月時点では，一部を除いてほぼ完成している）。
そして，沿岸周縁部を通過しているイングリッシュ・コースタル・ルートの実体
をなすイングランド・コースト・パス，そしてパスから海側の海岸までの土地と，
パスの陸側でパスに隣接する沿岸地がコースタル・マージンとして公衆のアクセ
スが認められる土地になるという設計である。

(25) イングランド・コースト・パスとイングリッシュ・コースタル・ルートの関係
について，注(24)を参照。

(26) 日本におけるウォーキング・ルートにおける土地工作物責任や営造物責任の在
り方については，鈴木（2020）参照。

(27) Herrington v. British Railways Board [1972] A.C. 877 (H.L.).

(28) 以上の占有者責任法の展開について，桜井（1966），青野（1981），青野
（2001）参照。

(29) 以上について，鈴木（2013：41-43）参照

参照法令

1866年首都圏コモンズ法（Metropolitan Commons Act 1866）

1876年コモンズ法（Commons Act 1876）

1925年財産権法（Law of Property Act 1925）

1932年通行権法（Rights of Way Act 1932）

1949年国立公園とカントリーサイドへのアクセス法（National Parks and Access to
the Countryside Act 1949）

1957年占有者責任法（Occupiers' Liability Act 1957）

1965年コモンズ登録法（Commons Registration Act 1965）

1968年カントリーサイド法（Countryside Act 1968）

1980年公道法（Highways Act 1980）

1981年野生生物とカントリーサイド法（Wildlife and Countryside Act 1981）

1984年占有者責任法（Occupiers' Liability Act 1984）

2000年カントリーサイドと通行権法（Countryside and Rights of Way Act 2000）

2006年コモンズ法（Commons Act 2006）

2006年自然環境と農村コミュニティ法（Natural Environment and Rural Communities Act 2006）

2009年海洋と沿岸アクセス法（Marine and Coastal Access Act 2009）

2010年カントリーサイド（コースタル・マージン）へのアクセスに関する命令（Access to the Countryside（Coastal Margin）（England）Order 2010）

2015年規制緩和法（Deregulation Act 2015）

参考・引用文献

青野博之（1981）「イギリス法における無断侵入者に対する責任——被害者の行為と工作物責任との関係について」『六甲台論集』28巻2号。

青野博之（2001）「イギリス法における無断侵入者に対する不法行為責任と危険引受」佐藤進ほか2名編集代表『現代民事法学の理論 上巻——西原道雄先生古希記念』信山社。

伊藤正己・田島裕（1985）『英米法（現代法学全集48）』筑摩書房。

岩本純明（1997）「田園レクリエーションとアクセス権——イギリスの経験」『農耕の技術と文化』20号。

岩本純明（1998）「公共空間としての入会地——イギリスの経験」『村落社会研究』5巻1号。

神谷由紀子（2014）『フットパスによるまちづくり——地域の小径を楽しみながら歩く』水曜社。

桜井節夫（1966）「イギリス法における土地および工作物に関する責任」『横浜市大論集』18巻1号

鈴木龍也（2009）「日本の入会権の構造」室田武編『グローバル時代のローカル・コモンズ』ミネルヴァ書房。

鈴木龍也（2013）「里山をめぐる『公共性』の交錯——紛争がうつしだす地域社会と法の現在」間宮陽介・廣川祐司『コモンズと公共空間——都市と農漁村の再生にむけて』昭和堂。

鈴木龍也（2020）「自然観賞型遊歩道の管理責任に関する一考察——2つの落枝事故訴訟の検討を通して」牛尾洋也ほか2名編『森里川湖のくらしと環境——琵琶湖水域圏から観る里山学の展望』晃洋書房。

田中英夫（1967）「イギリスにおける先例拘束性の原理の変更について」『法学協会雑誌』84巻7号

柘植徳雄（1990）「イギリスにおける地主的土地所有後退の背景」『農業総合研究』44巻4号。

日本フットパス協会ホームページ「フットパスについて」
　　https://japan-footpath.jp/school.html/（2023年10月12日閲覧）

平松紘（1995）『イギリス環境法の基礎研究──コモンズの史的変容とオープンス
　　ペースの展開』敬文堂。

平松紘（1999）『イギリス緑の庶民物語──もうひとつの自然環境保全史』明石書店

平松紘（2002）『ウォーキング大国イギリス──フットパスを歩きながら自然を楽し
　　む』明石書店。

三俣学（2019）「自然アクセス制の現代的意義──日英比較を通じて」『商大論集』70
　　巻2・3号。

望月礼次郎（1981）『英米法（現代法律学全集55）』青林書院新社。

Cousins, Edward F., Honey, Richard & Craddock, Hugh（2020）*Gadsden & Cousins on Commons and Greens*（3rd ed.）, Sweet & Maxwell.

Riddall, John & Trevelyan, John（2007）*Rights of Way: a guide to law and practice*（4th ed.）, The Ramblers' Assocciaion.

Sauvain, Stephen J.（2004）*Highway Law*（3rd ed.）, Sweet & Maxwell

Shoard, Marion（1987）*This Land is Our Land*, Collins.

Sydenham, Angela（2010）*Public Rights of Way and Access to Land*（4th ed.）, Jordan publishing Limited.

第4章　新たな地域のつながりを創る

──地域に溶け込むツーリズム

久保由加里

1　ローカル・アイデンティティのさらなる構築を目指して

「歩く」ことに「観光（ツーリズム）」，そして「地域活性化」を融合させた取り組みが全国で展開されている。地域によっては，歩くことで見えてくる地域の魅力をアピールし，滞在交流型観光を促進している。また歩くことに関連して，テーマ性のある観光を創出し，新たな地域づくりに結び付けている例もある。

　昨今，地域の許容範囲を超えて観光客が押し寄せることで引き起こされる，自然環境や生態系への悪影響や交通問題，また生活環境の悪化の増大など，観光がもたらす弊害，つまりオーバーツーリズムが世界的に問題になっている。そこで観光エリアの分散対策にもなっているのが，アンダーツーリズムという発想である。混雑した観光地や観光都市から離れた，これまであまり知られていないニッチな場所にスポットを当てて，そこでしかできない体験や文化，地域との関わりを楽しむツーリズムに目を向けたものである。ありのままの風景を楽しみながら歩くフットパスによる地域づくりはまさに，環境や地域に負荷をかけずに地域の魅力を引き出す手法だといえよう。

　歩くことは地域活性化とも密接に関係している。オルデンバーグは「好ましいとされ，いたるところで実行された都市開発の様式は『歩くこと』と『話すこと』を嫌う。人は，歩くことによって自分の住む地域の一部になり，他者と

出会い，自分たちの近隣住区の管理人になるのに。話すことによって互いを理解し，共通の関心ごとを見出したり作り出したりして，コミュニティと民主主義に不可欠な集団の能力を自覚するのに」（Oldenburg 1989 忠平訳 2013：14）と述べている。地域を知ることはすべてのスタートであるに違いない。

　本章で取り上げる「域学連携」，「宿泊施設」，「ワーケーション」がどのようにニューコモンズ（new commons）創り出しているのか，またそれらが地域とつながるユニークなプロセスを楽しんで読み進めてもらえたら幸いだ。

2　「域学連携」×「歩く」

2.1. 鳥取市鹿野町の地域づくり

　この約20年の間に，日本において「フットパスによる地域づくり」が拡がりをみせており，地域の特色を生かした様々なフットパスづくりが全国で展開されている。ここでは，フットパスづくりに域学連携の要素を取り入れることで，過疎化が進む中山間地域に新たな潮流を生み出している事例を紹介する。

① 鳥取市鹿野町について

　その舞台になっているのは，鳥取県鳥取市鹿野町である。鳥取市西部約20km に位置する鹿野町は，鷲峰山（じゅうぼうやま）を水源とする河内川を中心とした水田畑地である。現在，鹿野町の人口3366人，高齢化率は41％である[1]。因幡地方の軍事・交通上の重要拠点として争奪攻防の的であった。戦国時代から江戸時代前期の武将ならびに大名である亀井茲矩（かめい これのり）が，1581（天正9）年に鹿野城主としておさめてからは，新田開発，用水路の整備などを進め，さらには東南アジアとの朱印船貿易などにより，産業の開発や振興に力を注ぎ，城下町，産業集積地として栄えた。今でも町民は亀井茲矩を「亀井さん」と敬愛を込めて呼んでいる。しかし，鹿野城は一国一城令により廃城となり，1618（元和3）年，茲矩の子・亀井政矩（かめい まさのり）が津和野に転封された。

　司馬遼太郎は鹿野町について，「人通りはない。通りは水の底のように静かで，ときどき京格子の町家や，白壁に腰板といった苗字帯刀身分の屋敷などが

残っている。ぜんたいに，えもいえぬ気品をもった集落なのである」と記している（司馬 1990：108）。内堀や外堀が残る鹿野城跡公園は，当時の面影を残し，池には白鳥や鯉の姿を楽しむことができる。また約500本のソメイヨシノが植えられ，桜の名所として親しまれている。また，城下町の風情とあたたかみのあるこの町は，県民百選のまちなみにも選ばれている。2004年には，中国地方整備局から「夢街道ルネサンス認定地区」として，歴史や文化を今に伝える中国地方の街道の一つに数えられている。

② 城下町地区のまちづくり

　鹿野町城下町地区（以下，城下町地区）では，亀井氏により興された城山神社御礼行事，鹿野祭りが口午に一度開催される。榊，屋台，武者行列，獅子舞に守られて，時代色豊かな神輿行列が城下町を練り歩く祭りで，400年の歴史をもつ鳥取県無形文化財として指定されている。

　「鹿野祭りの似合うまち」を構想の柱として，1994年度から街なみ環境整備事業に取り組み始めた。鹿野町は道路，水路の縁石，石橋，石行燈など公的空間の整備を開始した。住民たちは，城下町地区の8町内に「街なみ整備検討委員会」を設置し，1996年，整備の指針に基づいた「街づくり協定書」を結んだ。そして協定に基づいた住宅新築・改修や屋外環境の整備を行っていった。

　2001年にはそれぞれに活動していた多くの住民やグループが集まり，「いん

写真 4-1　鹿野城跡　外堀

しゅう鹿野まちづくり協議会（以下，まちづくり協議会）」を設立した。設立のきっかけになったのは，協議会の母体となったグループが，2000年8月に鳥取県が実施した，「鳥取県街なみ整備コンテスト」において「いんしゅう鹿野童里夢（ドリーム）計画」を提案し，最優秀賞を受賞したことにある。「子どもたちが好きな町，将来出て行ってもまたかえってきたくなるふるさと，そんなまちをつくりたい，それにはまず自分たちが楽しく，心豊かに暮らせるまちであることが大切だ」という思いを込めて，景観事業・賑わい事業・空き家活用事業・研修事業・地域連携事業・交流事業などに携わる。2003年にはNPO法人格を取得し，2007年地方自治法施行六十周年記念式典「総務大臣賞」，2008年都市景観大賞「美しいまちなみ優秀賞」，2010年国土交通省「手づくり郷土賞　大賞部門」など多数受賞している。住民たちの町への愛着と地域づくりに対する思いは脈々と受け継がれている。

③　歩いて楽しむ交流

　城下町地区では，町を歩いて楽しみ，住民と来訪者がゆるやかにつながる文化が根づいている。城下町の散策を中心に歴史的景観や自然を楽しむイベントが多い。蓮が咲くころに行われる「城下町しかのぶらり蓮ウォーク」，海岸の景色を楽しむ「大崎城ウォーキング」，各地の尺八愛好家が集い，深編み笠に白や黒の装束姿で城下の石畳を練り歩く，「虚無僧行脚」などがある。かつて

写真4-2　城下町の町並みを楽しむ学生たち

は城下町を練り歩く流し踊りの「いんしゅう鹿野盆踊り」なども行われていた。また城下町地区全体をマルシェにした「週末だけのまちのみせ」も毎年秋に行われている。新たに生まれるイベントの多くも「歩くこと」がキーワードになっている。

④　町に関わる仕掛け

　鹿野町では様々な形で町に関わる人々が増加している。その中には新たに農業を始める人，リモートワークで田舎暮らしを始める人，地域おこし協力隊，古民家を利活用してパン屋やレストランを営む人たちなどがいる。また地域学を研究する留学生が短期間滞在することもあった。ここでは，鹿野町で生まれているグローバルなコミュニティについて少し触れたい。

(4-1)　アートと鹿野

　アートによる地域づくりは鹿野町の特徴の一つである。1987年から続く市民参加型ミュージカル，「鹿野ミュージカル」は鳥取県内で定評がある。鹿野に暮らす多くの住民が新しい鹿野の文化を生み出そうと，鹿野町民音楽祭を参加創造型に再構築した。演目は鹿野町の歴史や伝説が主である。

　まちづくり協議会は「アート・イン・空き家」の取り組みを行っている。地域連携プロジェクト・パートナーである尾道市のアーティストをはじめ，全国から移り住んでいる陶芸家や画家が，廃校になった小学校や空き家を利用して作品を生み出している。

　城下町地区を拠点としている芸術団体，特定非営利活動法人「鳥の劇場」は，地域に新潮流をもたらした。地域の発展に貢献することを目標に，演劇創作，芸術家の交流や教育普及活動を行っている。「週末だけのまちのみせ」に合わせた「鳥の演劇祭」には県内外から多くの観客が訪れる。非常に興味深いのは，建物内の劇場だけでなく，城下町，また周辺地域の廃校になった小学校のグランド，また川のほとりが舞台になっていることである。高校生とプロの演劇人がいっしょに舞台作品を制作，上映する「つくる高校生」や，こどもたちの生きる力を育む表現ワークショップ「トリジュク」の取り組みなど，演劇を通し

た文化芸術の振興，地域の活性化に貢献している。様々な国からやってくるスタッフが一時的に城下町とその周辺に滞在することもあり，町に国際色が加わる。

　また鹿野町に住むアーティストが中心となって実施している，歩く回遊型イベントである鹿野芸術祭がある。文化庁文化芸術創造拠点形成事業として，年に１回開催している。2019年は芸術との心の距離を縮めることをテーマに「鹿野芸術大茶会」を開催した。アーティストやカフェスタッフ，建築家などが集まって一つのチームとなり，全４チームがそれぞれ独自の茶席というアート空間を作る。場所は城跡の堀や古民家などだ。2020年から2022年は３年間で完結する，リサーチ，制作，発表という一つのワークショップを創り上げた。さながらアート＆ティー・ウォーキング・フェスティバルといったところだ。

（4-2）社会包摂と鹿野：てぶら革命

　「てぶら革命」とは，ドイツ・ライプツィヒのNPO「日本の家（以下，日本の家）」の活動を行っている，まちづくりの実践者とアーティストたちが起こした場づくりのムーブメントである。「日本の家」は，３人の日本人が空き家をセルフリノベーションして，自分たちの居場所をつくったところから始まった。今では近隣住民，難民，移民，留学生，失業者，アーティストなど多様な背景をもつ人たちが協働して，コンサート，芸術祭，日本文化ワークショップ，

写真4-3　「日本の家」メンバー，鹿野在住アーティスト，まちづくり協議会メンバー，大阪国際大学の学生たちとの交流会（2019.12鹿野にて）

そして学術的シンポジウムの開催など，多彩な活動を展開している。

「てぶら」に込められたメッセージがある。「持つ」こと，「手に入れる」ことに価値を見出すのではなく，それぞれの持っている知識や技術を交換し，人々とつながり，新たな何かを生み出すことで，互いが活き活きと豊かに暮らしていくことができる，そのための活動を表している。試行錯誤しながら，「てぶら」の状態から「場所」と「生活」をつくる挑戦をするという意味である。

「日本の家」の活動でのつながりをもとに，2017年，鹿野町でも「てぶら革命」のワークショップが開催された。その中の一つに「日本の家」で毎週行われている「ごはんのかい」がある。

ライプツィヒの「ごはんのかい」は，投げ銭方式で，みんなでごはんを作ってみんなで食べる会である。鹿野町では，ヨーロッパから訪れた日本の家のメンバーや，海外在住を経て鹿野に住むアーティストたちが中心となって，「いろいろな国のごはんのかい」を開いた。

(4-3) 空き家活用：大学間連携

まちづくり協議会の活動フィールドは文化芸術，観光，教育に関する交流のソフト事業以外に，空き家や空き公共施設，また耕作放棄地を利活用するハード事業にも及ぶ。ここでは城下町における空き家対策に，大学生たちが関わっている事例を紹介する。

2020年10月，鳥取大学，公立鳥取環境大学，そして大阪国際大学の学生たちが城下町に集結した。「しかのべーしょん」と称して，空き家になった洋裁店をどのように地域のコミュニティづくりの場として生まれ変わらせるか，をテーマにワークショップを行った。現地調査と設計図を基に，活発な討議がなされた結果，アート・イン・レジデンスやコミュニティスペースとして活用する案が採択され，新たなコモンズとしての可能性を見出すことになった。2021年からは米子工業高等専門学校も加わり，「しかのべーしょん」はますます拡がりをみせる。

2022年にその洋裁店はアートキューブ，「クチュールしかの」として生まれ

変わった。そしてその秋，城下町を歩いて楽しめるまちマルシェ，「週末だけのまちのみせ」の開催にあわせて，「クチュールしかの」で大学協働イベントを実施した。

　このように，城下町ではテーマごとのコモンズ的なコンテンツがいくつも存在している。そしてそれらが単独で，また重なり合いながら新たな価値を創造しているのである。

2.2. 中山間地域に新たな息吹をもたらすコミュニティづくり

　ここからは，城下町周辺の過疎化が進む地域における，域学連携について述べる。

① 鹿野町河内について

　城下町から8kmほど山間部に入った鹿野町河内（以下，河内）は，河内川を中心に上条と下条の2つの集落から成り立つ中山間地域である。現在，世帯数81，人口151名で，高齢化率50％を超える[(2)]。河内は佐谷峠を越えて三朝町の中津集落に通じる古道沿いにあり，住民は林業と農業で生計を立てていた。かつては河内川にかじかやドンコが生息し，広がる田畑や川辺に蛍やとんぼが飛び，川の土手で山羊が草を食んでいた。

② 河内果樹の里山プロジェクト始動

　2015年，耕作放棄地の拡大と集落の衰退を危惧した，平均年齢70歳代の河内の男性たち10数名が農地保全と稲作転作に乗り出した。鹿野町河内果樹の里山協議会（以下，里山協議会）」を発足させ，まちづくり協議会と協働して，交流の拠点なる果樹の里山をつくる取り組み（以下，果樹の里山プロジェクト）を始めた。2015年から2019年度の4年間で，4.5haの農地にいちじく，かき，そば，栗など，800本の果樹を植えた。

③ 新たなプレイヤーの登場

　里山協議会は，果樹の里山プロジェクトの企画段階から，河内住民のみによ

写真 4-4　河内に広がる耕作放棄地

る活動の限界について憂慮していた。そこでまちづくり協議会は，以前から日本フットパス協会の関連で親交のあった，大阪国際大学の久保研究室との域学連携を提案した。こうして学生たちが，このプロジェクト開始から参画し，耕作放棄地を観光交流空間へと変えるというミッションに挑むことになった。

④　交流空間づくり

　しかし，それは一瀉千里に進むものではなかった。当初，里山協議会メンバーは連携に対して消極的であった。都市部の大学生と関わることのへの躊躇，また継続的な連携ができるのか疑念があったためである。そこで学生たちは，まず自分たちがその地域を知ること，そして地域住民に受け入れてもらうことが重要であると考えた。学生たちは里山協議会メンバーと果樹園づくりに励んだ。ノウハウを教えてもらいながら苗植えや除草，またコンクリートでの道づくりを一緒に行った。そして働いた後には，自ら交流会を企画し，里山協議会メンバーを含め，まちづくり協議会や行政，さらには河内で商品開発をしていた鳥取大学の学生たちも巻き込んだ。このような活動の継続が，「本気で関わってくれる」という信頼感に変化し，里山協議会メンバーの心を徐々に溶かしていった。

⑤ 協働の段階へ

　次に「協働」へのステップを踏み出すため，まちづくり協議会と学生は官学民会議を開いた。参加したのは，里山協議会，まちづくり協議会それぞれのメンバー，鹿野総合支所長と職員，そして学生たちである。異なった視点からの河内の地域資源発掘に，参加者それぞれが新しい発見をした。

　このプロジェクトの主役は里山協議会メンバーであり，大学と地域の調整役を担っているのがまちづくり協議会である。まちづくり協議会と学生たちはコミュニケーションを密にして，観光交流空間へのステップを進んでいる。その中心にあるコンセプトが「集落を歩くこと」である。

　時を同じくして，当時の地域おこし協力隊のスタッフが，河内を含むいくつ

写真 4-5　果樹の里山メンバーと学生の協働作業

写真 4-6　フットパスルートづくり

かの地域でフットパスルートづくりを進めていた。学生はそのスタッフと合流し，現在に至るまでともに河内フットパスを盛り上げている。そして里山協議会メンバーにフットパスガイドをしてもらうことで，彼らが河内地区の地域の宝を再認識し，「フットパスによる地域づくり」について知ってもらう機会となった。大学の留学生たちを対象に企画した「河内留学生ツアー」でのフットパスでは，グローバル視野でルートを検証している。

⑥　共創の段階へ

(6-1)　地域住民全体を巻き込む仕掛けづくり

　2017年に新たな挑戦が始まった。学生たちは，里山協議会メンバーからコミュニティの輪を広げて，地域住民が様々な形で活動に関わってもらう方法について模索し始めた。しかし，長い歴史の中にDNAのように受け継がれてきた村特有のコミュニティにおいて，急激に舵を切るような活動を始めることは困難である。ここで大切なのは，心理的にも物理的にもできるだけ負荷をかけない自然な形で巻き込んでいくことである。

　学生たちが注目したのが，地域の女性たちである。地域づくりにおいて「ジェンダーの主流化」を取り入れることは重要である。ジェンダーとは，性別に基づいて社会的に要求される役割などの社会的性差のことである。国際連合経済社会理事会（1997年）は，そのジェンダー視点の主流化を，あらゆる分野でジェンダー平等を達成するための手段とし，女性の関心と経験を，男性のそれと同じく，あらゆる政策とプログラムにおいて不可欠な部分にするための戦略であるとしている。果樹の里山プロジェクトの進展にも女性の力は不可欠である。そのことを地域住民にも知ってほしい…学生たちは何から始めたらいいのか思案した。

(6-2)　女子会の誕生：ジェンダーの主流化を目指して

　2017年夏，まずは河内の女性たちに「集まってもらう」しかけづくりから始めた。しかし，そのアイデアに対して，まちづくり協議会メンバーは後ろ向きな「集落の家長たちは，何であれ女性が集まりに出ていくことをよしとしない

ので，誰も来ない」，「集落の人々のしがらみが強く，みんなで集まらない」という意見だった。しかし学生たちは，「出席者はゼロでもいい，この働きかけを続けることで，まず自分たちの活動を知ってもらいたい」という強い思いで行動を始めた。「いつも河内でお世話になっている学生たちがお茶会を開きます。大阪のお菓子を囲んでお話しませんか。」このようなチラシを持って，女子学生たちが一軒一軒訪ねた。重要なパイプ役にも同行してもらった。それは，まちづくり協議会の女性理事長である。家の人々は理事長の姿をみて，安心してチラシを受け取ってくれた。会のネーミングは「河内女子会」である。

4カ月後に開催された女子会当日，大雪にもかかわらず，平均年齢70歳の「女子たち」が10名集まってくれた。2カ月後には，第2回女子会が開催され，13名が集った。ここでも交流から協働の公式を当てはめ，「鳥取 VS 大阪　お雑煮対決」と称して，女子会メンバーとお雑煮づくりを行った。学生たちはゲーム方式で河内の魅力や歴史をヒヤリングし，自分たちの活動についてのプレゼンテーションを行った。

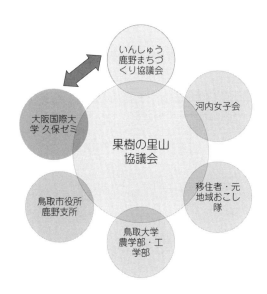

図 4-1　河内果樹の里山プロジェクトメンバー

出典：筆者作成。

　女子会は着実に共創の段階へと進化している。次に学生が検討したのは，女子会と留学生ツアーのコラボ企画である。それを実現できたのはフットパスの力である。里山協議会メンバーが，留学生の河内フットパスガイドを務め，女子会メンバーが交流会を企画してくれた。交流会では，河内に伝わるお菓子を一緒に作り，ベトナムの踊りを一緒に踊った。これまで河内に存在しなかった，グローバルな交流がそこにあった。

女子会の成功要因　「河内女子会」が成功した要因はいくつかある。1つ目はそのネーミングだ。米澤（2014）は，「「女子」という言葉は，女性がいくつになっても潜在的に持っている「ときめき」や「あこがれ」を呼び起こす力を持っている。女性はいつまでもどこかに「女子」を持ちつづけていくのだ。「女子会」は，自治会でも，PTAでも，婦人会でもない。年齢，立場，またタイトルなどすべてを取り払って，「女子」という共通項で絆を結ぶことができるのだ。そこには「男子」のいない，女子校の世界であり，自分らしさを表現できる場なのである」と述べている。

　要因の2つ目は大学生の存在である。学生たちとの世代間交流が，女子たちの気持ちを明るくし，元気にさせている。雪の中でも，手押し車を押して長い道のりを歩いてきてくれる女子たち，車で仲間をピストン輸送してくれる女子など，みんな何に魅かれてきてくれたのであろうか。それは，会場で出迎える学生たちに，「みなさんから元気をもらいにきました」と挨拶される女子のメンバーのことばが答えである。

　3つ目は中間組織の存在である。対極にあるような学生と女子たちをつなぐ存在がどうしても必要である。とりわけ閉鎖的な集落において，いわゆる「よそ者」だけが活動することは住民の不安感を抱かせることになる。そこによく知っている地元のまちづくり協議会の女性理事長が一緒に活動してくれることが，互いを磁石のように引き寄せている。

　さらに女子会は奇跡的ともいえるシーンをつくり出した。河内上条と下条のそれぞれの集落は，昔ながらのしがらみもあり，互いに交流がない。にもかかわらず，女子会では，両方の集落の女子たちが集い，交流を楽しんだ。このような結果にまちづくり協議会メンバーも驚きを隠せなかった。

今，フットパスの力によって新たな奇跡が起こっている。それは里山協議会メンバーと女子会メンバーとの協働が自然な形で始まろうとしていることだ。ジェンダー格差があるこの地域で，夫と妻が（あるいは父と娘が）ともに住民自治に関わることは考えられない。しかし，フットパスウォークと交流を行うには，知らずと協力が必要になってくる。この協力も自然な形でスタートさせようと，学生たちは画策した。留学生ツアーでフットパスウォークをした後，公民館で里山協議会メンバーには，焚火で果樹の里山で収穫したさつまいもを焼いてもらい，女子会メンバーはお菓子作りを担った。留学生や学生たちがそれらを体験することで，完全とはいえないまでも，全員でその交流を盛り立てた図式になった。これは女性の力をコミュニティの担い手として活かすための大きなステップになっている。

　現在，女子会メンバーの中の有志が，果樹の里山の収穫物を商品化する事業に携わっている。収穫したいちじくからジャムやドライいちじくを作り，城下町地区の店や大阪のアンテナショップ，大阪国際大学などで販売している。

⑦　共創をかたちに

　果樹の里山プロジェクトも 8 年目を迎え，今後はこれまで形にしてきたハード，ソフトの地域資源を活かし，いよいよ観光交流空間づくりの具現化が進んでいる。果樹の里山プロジェクトは，2019年度 総務省「関係人口創出拡大事業」モデル事業に採択された[3]。2020年度には国土交通省　空き家対策の担い手強化・連携モデル事業となり[4]，果樹の里山を舞台に，交流人口，関係人口，そして定住人口を生み出す様々な企画を展開した。

　果樹の里山プロジェクトでは，移住を考えている方々をターゲットにした「暮らし体験ツアー」，河内の秋をコンセプトにした「秋の里山ツアー」など，テーマ性のあるツアーを企画した。ツアーのハイライトはフットパスウォークと果樹園だ（表4-1参照）。2020年秋には，感染対策を十分に行ったうえで，「はじめての果樹の里山まつり（以下，まつり）」を開催した。これは地域の方々に果樹の里山を知ってもらう第一歩となった。NHK の放送もあって，2 日間で，594名の方々が訪れた。

学生が実施したアンケートによると，まつりでの過ごし方が年代によって異なることがわかった。主に60代〜70代の方々は，直販市を目的に訪れており，20代〜50代の方々は，河内を知るためのビンゴゲームやフットパスに参加され，「この河内でこれほどの時間楽しめると思わなかった」，「ほぼ一日遊びました」とコメントを寄せている。この過疎地に観光交流空間を生み出すための共創が形になった瞬間である。

フットパスは，人々の滞在や交流を楽しむ点で重要な役割を果たしている。今回のまつりにおいても同様だ。まつりのイベントの一

写真 4-7　果樹の里山いちじくジャム

表 4-1　観光交流空間づくり

〈観光交流空間づくり〉	フットパス企画	果樹の里山（地域資源）企画
1．2018年　鳥取市鳥取市のシティセールス戦略事業		
3月：「鳥取市鹿野町の暮らし体験ツアー」（移住・定住促進）企画・運営	山菜採りフットパス	いちじくジャムづくり
2．2019年　総務省「関係人口創出・拡大事業」モデル事業　活動		
11月：現地発　河内果樹の里山ツアー企画・運営	法師ヶ滝フットパス／果樹の里山フットパス	竹ご飯づくり
3．2020年　国土交通省「空き家対策の担い手強化・連携モデル事業」		
10月：はじめての果樹の里山まつり　―　企画・運営	フロッタージュづくり＆集落に親しむフットパス	河内ビンゴゲーム　収穫物重さ当てクイズ　コンサート・カフェ　直販市
4．2021年　鳥取市「輝く中山間事業　食プロジェクト」		
9月：五感で楽しむ果樹の里山　―　企画・運営	フロッタージュづくり＆集落に親しむフットパス	ピザ窯完成記念　いちじくピザ販売
5．2022年　鳥取市「輝く中山間事業　食プロジェクト」		
10月：果樹の里山まつり	河内なぞときフットパス	里山ピザ・いちじくアイス　ビンゴゲーム　いちじく狩り・直販市　手製ハーバリウム販売

出典：筆者作成。

資料 4-1 写真コンテスト フットパス賞受賞者 コメント

秋の里山へ
地元の方のお話を聞きながら、
マイナスイオンをたっぷり浴びながら、
細道をいっぱい通りながら、1時間半のフットパス
普段街中で暮らしていると見過ごしてしまいそうな
小さな発見がいっぱい

耕作放棄地に作られた果樹農園
高齢化率60％の村では、放っておくとすぐに荒れてしまうのだそう
猪柵を越えた先は一面の蕎麦畑
トラックから落ちた種が花になってしまうほど
生命力が強いらしい

採れたてのイチジクで作ったパフェは至福の味
いつまでも素敵な里山が守られますように

つに写真コンテストがあった。河内地区でのとっておきの瞬間を収めてもらうのだが、そこで「フットパス賞」を受賞した応募者のコメントを紹介したい（資料4-1参照）。そのことばはフットパスの本質をよく表している。

車で通るだけではわからない、いちじくを買って帰るだけでは見えない地域のストーリーや人々の暮らしが、フットパスウォークをすることで浮き彫りになる。そして集落の人々、暮らし、異なった季節の風景に、また会いにやってきたくなる。

⑧ 域学連携と河内

条件不利地域のように人口減少が顕著な地域では、住民の意識の後退やあきらめが広がり、立ち上がった人たちがいてもなかなか前に進まない現実がある。小田切（2007）は、地域住民がそこに住み続ける意味や誇りを喪失しつつあることを、「誇りの空洞化」と表現している。河内でも同様に、衰退する集落に誇りや希望がもてなくなっている。果樹の里山プロジェクトに一定の評価をしている住民たちであっても、あきらめや高齢ゆえの限界、また地域のしがらみにとらわれて活動を静観している。里山協議会メンバーの中にも、高齢のため活動を断念せざるを得なくなった人もいる。そこに新しい流れを生み出したの

写真 4-8　果樹の里山プロジェクトメンバー

が域学連携だった。

　総務省は,「域学連携」を「大学生と大学教員が地域の現場に入り,地域の住民や NPO 等とともに,地域の課題解決や地域づくりに継続的に取り組み,地域の活性化や人材育成に資する活動」と定義している[5]。果樹の里山プロジェクトにおいても域学連携は双方にメリットがある。大学のメリットとしては,学生のジェネリックスキルの涵養,研究分野である「観光学」の実践,社会貢献の場づくりなどである。地域としては,大学が持つ専門的な知識や地域づくりのノウハウ,そして若い人材力やアイデアを活用することができる。

　果樹の里山プロジェクトでは,地域との関係を大切に,交流⇒協働⇒共創という段階を踏んで丁寧に活動を進めている。しかし前述のように,地域と大学それぞれの認識や感覚に離齬をきたすことがある。学生たちは,自分たちが活動できる1〜2年の間になんらかの成果を得たいと考える。交流空間の創出のための様々なアイデアや企画を提案し,実行しようとする。一方,果樹の里山協議会メンバーたちは,ベストを尽くして果樹園を維持していて,果樹が実ること以上の成果を求める必要性を感じていない。

⑨　持続可能な域学連携を目指して

　ここまで,中山間地域での域学連携による都市農村交流活動を通じた協働活動と,教育分野と関係人口創出との関連性について定性的に説明してきた。

域学連携を継続させて共創を生み出すには何が求められるであろうか。多くの側面があるが，ここでは2つの点を取り上げたい。1つ目は予算の確保である。果樹の里山プロジェクトでは，総務省，農林水産省，自治体または財団からの助成金に加えて，大学の地域協働に関する支援金などを活用している。大学と地域の双方が費用を確保することでどちらか一方に経済的な負担がかかることを避けている。2つ目はプレイヤー間の意思疎通を図ることである。それはプロジェクトメンバー全員が関係しているが，主に地域と大学を結んでいるまちづくり協議会と，大学教員ならびに学生たちのコミュニケーションを密にすることで常に協力体制をとれるようにしている。その土台になるものは他でもない信頼関係である。コミュニケーションを円滑にし，小さな活動の一つ一つを大切に，一緒に楽しんで行うことによって信頼関係を築くことができる。

　活動を続けていく中で，次第に里山協議会メンバーたちは学生たちの来訪を待ちわびてくれるようになった。そればかりか，学生たちが河内の集落を歩いていると，知らない集落の方から，「こんな何もない所に来て，活動してくれてありがとう」と声をかけられる。学生たちにとって，耕作放棄地が果樹園になっていく過程，果樹園の収穫物と商品となったジャム，河内のフットパスウォークで見る景色，そしてなにより地域の人々との交流と協働が達成感を生む。そして，学生は自然にこの場所とプロジェクトを「自分事」として考えるようになる。

　一方，河内の住民たちにとっては，大学との連携を通して様々な国からの来訪者を地域に受け入れる機会となっている。留学生たちは，フットパスウォークをしながら，地蔵や軒下に干した大根を興味深く眺める。その光景は住民たちにとっては新鮮である。そして当たり前の風景や生活文化が，実は貴重な地域資源であることに気付く。彼らの心の中で埋もれていく「場所への愛着」を呼び起こすものとなっているのである。また女子会のように，根深い集落のしがらみを払拭するきっかけともなっている。「学生たちが来るから」，「学生たちに誘われたから」という理由づけは，地域住民にとって新たなことに挑戦する力となっている。

　集結した力の継続は確かに形になってきた。2021年2月，果樹の里山プロ

図 4-2　域学連携のステップ
出典：筆者作成。

ジェクトは，令和 2 年度鳥取県「令和新時代創造県民運動表彰」にて最優秀賞を受賞した。また，2022年，河内でのフットパスで採取した草花を含めて制作したハーバリウムを販売し，売上金を鳥取市の生態系保全のために寄付した。深澤鳥取市長に直接お渡しし，感謝状を賜った。さらには，令和 5 年度農村水産祭むらづくり部門にて農林水産大臣賞を受賞した。

　今後，果樹の里山では収穫の増加が見込まれており，観光交流空間づくりの骨組みを確立していく必要がある。同時に，自立した地域づくりを目指して，地域の担い手となる人材育成が早急に求められている。

　まちづくり協議会の副理事で，果樹の里山協議会メンバーでもある小林清氏は，「課題はたくさんあるが，取り組んだから生まれた課題であり，解決する道も活動の中にあると信じる」と述べる。さらに，目指す地域の姿として，「収入は多くなくても人口が縮小しても，地域の農地と素敵な景観を守りながら，交流人口が増加し，住んでいる人々が心豊かに過ごすことができればと考えている。大学生が植えたシバザクラやハナモモを楽しみ，季節になれば実った果実をおいしく食し，里山でのんびりとフットパスを楽しむ。地域の人たちは喜んで来訪者を迎える。そのような果樹の里山になればと強く思っている」と語る（小林 2020）。

　耕作放棄地は，ニューコモンズ（new commons）として Hess（2008）が述べる，地域の人々が一体となり，その地域資源を強化，維持管理し，そして保護する近隣コモンズ（neighborhood commons）として生まれ変わっている。これからも域学連携が，持続可能で身の丈に合った，河内ならではの地域を描いていくことができたらと願っている。地域内外の様々なプレイヤーと一緒に自立

できる地域づくりを目指して。

　次の節では，変わりつつある宿泊施設と地域活性化について言及する。

3　「宿泊」×「歩く」

3.1．ホテルのアイデンティティ

　今，宿泊業態が多様化してきた中にあって，ホテルは，単に宿泊するための「施設」としての機能を超える存在となっている。地域住民や他の宿泊客，そしてホテルスタッフとの「交流」を楽しめる社交場，地域性や独自性を意識したデザインや滞在体験を提供し，自由なスタイルで利用できるサードプレイス[6]のような，インフォーマルな公共の場としての機能を兼ね備えたライフスタイルホテルや，新しい社会貢献のスタイルをコンセプトに，利用者がソーシャライジングを体感できるソーシャライジングホテルなどがある。そこでは異業種からの宿泊事業への参入も顕著である。婚礼事業，アパレル企業，不動産ディベロッパー，出版社，まちづくりベンチャーなど多種にわたる。それぞれの業界が本業との親和性や，強みを生かした企画力，コンセプト設計・デザイン力でライフスタイルブランドを展開している。

　また日本では，政策として宿泊施設を核とした地域活性化が促進されている。地域の伝統的な文化や建築を利活用することで保全しようとする試みもある。奄美大島北部，奄美市笠利町赤木名ではじまった，「伝・泊」（でんぱく）はその一つである。「伝・泊」とは奄美大島の伝統的・伝説的な建築を残し，「もとの姿に戻す」ことに重点を置いて再生した宿泊施設や活動のことを指す。単なるリゾートではなく，島の息吹や人のぬくもりを肌で感じ，記憶に残す場所とすることを目指している。社会や地域との関係性をもつ仕組みづくりを行い，地域資源を活かした滞在体験を提供している宿泊施設は拡がりを見せている。

　ここでは，地域に溶け込むように散らばることで，暮らすように滞在することができる「分散型ホテル」について取り上げる。

3.2. 分散型ホテル

① アルベルゴ・ディフーゾ

　アルベルゴ・ディフーゾ（Albergo Diffuso　以下，AD）とは，1976年のイタリア　ヴェネチア北部　フリウリ地域で発生した地震の後に，ジャンカルロ・ダッターラ（Giancarlo Dall'Ara）氏（マーケティングコンサルタント　アルベルゴ・ディフーゾ協会会長）が考案した，地域復興のための宿泊モデルである。彼は，地震から6，7年過ぎても壊れたまま放置されている家を見て，それらを改修し，観光者のために使うことを提案した。水平方向につなげる，観光者のために使うアイデアを提案した。

　イタリア語のAlbergoはホテルや宿，Diffusoは太陽の光線が拡散するように散らげるという意味がある。従来ホテルは，1つの建物の中に，客室，レストラン，バーなどすべての機能が備わっている垂直型であるが，ADはその機能をばらばらにして集落の中に分散させ，町全体をホテルとみなす宿泊形態を指す。

　日本と同様，イタリアの農村や山間地域に無数にある小さな集落も過疎化と高齢化に面している。ADは，その後も村の過疎化を食い止めて，アイデンティティを失うことなく，地域経済を活性化させ，村を発展させる方法として根付いていった。宿泊者は，村に点在する客室から別の建物にあるレセプションやレストランまで歩く。まるで通りがホテルの廊下のようである。そうして町の市場や商店で買い物をし，町の風景を楽しむ。時に住民との会話も始まる。住人になった気分で村人に紛れていることに気づく。そこには昔からの本物の暮らしが息づいているのだ。そして観光者はトリュフ狩り，火山見学，料理教室など，その村ならではの体験もできる。

　2006年にはダッターラ氏を会長としたアルベルゴ・ディフーゾ協会（L'associazione nazionale Alberghi Diffusi　以下，Adi）が設立された。当協会では，公的機関に対するロビー活動や資金獲得活動，広報活動，またAD間の経験交流の促進などを行い，ADの発展に寄与している。そのメンバーはイタリアにとどまらず，スペイン，スイス，クロアチア，ドイツ，アイルランドやサンマリノ共和国など近隣ヨーロッパ諸国に広がっている。Adiのシンボルにはランプ

写真 4-9　Locanda Alferi AD の看板

が描かれている。それは「闇夜に旅行者を部屋まで先導する主人のホスピタリ
ティ」を意味している。Adi は AD として認定するためのいくつかの要件を定
めている。その中には，民泊や B&B のように副業的な経営ではなく，ホテル
並みのサービスをしつつ，地域と住民の生活を体感してもらうこと，"本物"と
呼べる空間が存在すること，その地域と文化の特色を保ちながら経営されてい
ること，などである。

　イタリアにおいては，各州の基準を満たし，承認されると AD として営業
することができる。そしてその AD が AD 協会に申請をし，承認されると，
AD 協会の認定した AD となる。

　AD は，独自のホスピタリティと環境への影響を低く抑えた持続可能な地域
発展のモデルである。そのミッションは，空き家を再生して利活用に終始する
ことではなく，地域の歴史や文化を受け継ぎ，地域住民をいかに巻き込んで地
域アイデンティティ再構築するかなのである。筆者が訪れたいくつかの AD
に共通していたのは，AD 経営者が AD のフィロソフィを実現したいという強
い使命をもっていることと，熱烈な郷土愛をもっていることだ。そのいくつか
を紹介しよう。

② アルベルゴ・ディフーゾの事例

(2-1) Locanda Alferi

　モリーゼ州にあるアドレア海に面した要塞都市，テルモリ（Termoli）はス

ローシティの加盟市でもある。駅からほど近くにある，広く美しいプロムナードでは，典型的な海辺の町のリラックスした雰囲気を楽しむ人々でにぎわっている。ここには2か所の AD がある。その一つが Locanda Alferi である。

テルモリの駅に着くと，Loacanda Afleri の女主人のマヌエラ（Manuela）氏が迎えにきてくれた。マヌエラ氏は，ローマの大学で心理学を専攻したのち，サッカー選手と結婚した。ご主人の引退を機に，2人の故郷であるテルモリに帰ることになる。2003年から2004年にかけて家を買って Bed & Breakfast（B & B）の経営を始めた。それが今は AD のレセプションのあるメインの建物となっている。造りは階によって年代が異なる。地下は16世紀，一階は18世紀，そして2階は19世紀である。

マヌエラ氏はゲッターラ氏の講演を聞き，そのフィロソフィに賛同した。そして2006年に宿を AD として再スタートさせた。2008年にもうひとつの家を購入，2013年からは3つ目の建物を賃貸で借りて，3つの家で AD を経営している。AD のフィロソフィのどこに魅かれたのか尋ねてみた。彼女は，新しい建物を建てるのではなく，今ある建物を修復し，再利用しているところ，そして地域の人に雇用を提供し，地域で経済を回すことができることだと言った。

夜には，町のウォーキングツアーに連れ出してくれた。彼女の友人も同行して，町の歴史的な建物やテルモリならではの魅力を話してくれた。旧市街区の中心にある12世紀のドゥオーモはモリーゼ州を代表するロマネスク建築である。

写真 4-10　テルモリからアドレア海を望む

マヌエラ氏は「ここで私たちは結婚式を挙げたのよ」と微笑んでいた。またツアーの最後には自分のご実家の前を通って，家族を紹介してくれた。

　次の日，朝食後に歩いて朝市を案内してくれた。海辺の町ならではの海産物や野菜，手づくりのチーズを売る店の人たちとの会話を楽しみ，試食をさせてもらった。

　マヌエラ氏は，B&B は家の中に入れるようなもので，AD はホテルと家庭の中間のようだという。彼女が言った，「私たちは，他の人々が忘れた地域の伝統，食などの恵みのすべてを愛している」ということばが心に残っている。

(2-2) La Piana dei Mulini

　テルモリから南下していくと，なだらかな丘陵地や山岳地の畑や牧草地の風景が続く。La Piana dei Mulini は，州都カンポバッソ（Campobasso）からほど近い，コッレ・ダンキーゼ（Colle D'Anchise）にある。村の歴史は1404年にさかのぼる。そこには1700年代後半から徐々に建て増しされた，いくつかの歴史的な石造りの建物から成り立っている。当初は製粉所であったが，19世紀の初めに農家兼羊毛の着色工場として使われた。後に小さな建物の一つは，地域の学校としての役割を担った。その後，重要な水力発電所となったが，エネルギーの国有化とともに廃止された。1960年代の終わりには，その歴史的遺産は完全に放置されていた。

　オーナーは3人で，そのうちの一人がミケーレ・ルカレッリ（Michele Lucarelli）氏である。彼は，この忘れ去られた建築上価値のある建物に魅せられた。と同時に，彼の住む地域で耕作放棄地が広がっていくのを見て，村の歴史的，文化的な遺産を救い，村を再生することを決心した。彼はまず，不動産を購入することから始めた。しかし，土地のある部分は個人所有物であり，別の箇所は電力エネルギーを販売する多国籍企業のものであったため，個人のみならず公的機関を巻き込んで進めていく必要があった。2002年，2，3の部屋とレストランのある B&B をオープンするというプロジェクトが始まった。彼は特に自分の出身の地域の人々を雇用した。今日では，従業員は近隣の村，ボヤーノ（Bojano），バラネッロ（Baranello），カンポバッソなどから来ている。

写真 4-11　La Piana dei Mulini

2006年にダッターラ氏に出会ったルカレッリ氏は，AD が環境への負荷を最小限に抑えた，持続可能な経済発展を基盤とした独特のホスピタリティの型だと理解し，AD 協会の一員となった[7]。

　La Piana dei Mulini はいくつかの分散した建物から成り立っているが，村や町の中にある典型的な AD ではない。自らを，美しい自然を満喫できるカントリーサイド AD と称している。現在，La Piana dei Mulini を囲む地域は，ビフェルノ（Biferno）川公園となっており，重要な環境保護地（Site of Community Importance: SCI）として文化財・文化活動省の管轄下に置かれている。滞在客は，料理ショー，テラコッタ，ペインテイング，チーズ作り体験，カヌーやカヤックでの一日ツアー，さかな釣り（catch & release），ウォーキング，ワイナリー見学など，自然や芸術に関連した様々なアクティビティを楽しむことができる。この地域のパスタである，カヴァテッリを作る体験もある。モリーゼならではのワイン，チーズ，パスタ，オリーブオイルなどここでしか味わえない食材にも出会える。AD としての特徴としてきわだっているのは，地域住民が集う場になっていることである。レストランには，地域住民がランチに訪れたり，朝早くから気軽に立ち寄ったりしている。ブライダル事業にも力を入れている。緑に囲まれた歴史的建造物で，自分たちだけのオリジナルウェディングを実現できると定評がある。

　近郊には日本ではあまり知られていない興味深いスポットが数多く存在する。

写真 4-12　パスタづくり体験　　　　　写真 4-13　オリーブ油生産者宅でランチ

　たとえばセピヌムの遺跡（Resti di Saepinum）は，ローマ帝国の支配下にあったことを知る貴重な都市遺跡である。城壁内には数多くの家屋の基礎，水路，半円形劇場，広場や公衆浴場の跡が非常によい状態で残っており，歩きながら当時の繁栄を偲ぶことができる。自然保護地区や国立公園も楽しめる。州都のカンポバッソは，中世ロンゴバルドあるいはノルマン期にはすでに存在していたものの，1456年の地震後に再建された町で，緑地，広場，噴水や中世の狭く，曲がりくねった道，階段，そして坂道がある。丘の頂上にはモンフォルテ城（Castello Monforte）がそびえたっている。カンポバッソでしか見られないのが，聖劇祭り（Sagra dei Misteri）である。毎年 6 月の聖体祭（Corpus Domini）に，聖劇を再現した場面に扮した人が山車に乗り，宗教行列が町中を練り歩く。聖劇博物館では山車に使う器具などを見ることができる。

　近郊の村，フロゾローネ（Frosolone）は，「イタリアの最も美しい村 Borghi piu'Belli d'Italia」協会に加盟している。さらにモリーゼ州では知られた打物の町だ。刃物職人のものづくりを見ることができる。切削工具の博物館も興味深い。

　La Pinana dei Mulini のプロジェクトは，地域の生物多様性の保護を土台として，人，大地，そしてその営みに注目している。実際，AD の形態は新しく建物を建てるのではなく，地域の文化的・歴史的特徴に従って魅力的な家を修復して使うことが目的である。これこそが，ルカレッリ氏が最初にこの場所と

184

写真 4-14　カンポバッソの聖
体祭（I Misteri）
出典：https://www.misterietra
dizioni.com/sfilata/

写真 4-15　ひもで吊るしたひょうたん型チーズ「カ
チョカヴァッロ」も有名。昔ながらの手法
で作られている。

小さい家たちを見つけた時の熱い思いであった。今日では，その小さな村は世
界中の人々が訪れる場所になっており，La Piana dei Mulini は彼らを家族の
ように迎えている。

　AD の派生型として，地域一帯で宿泊経営を行う「オスピタリタ・ディフー
ザ」の認証が Adi によって進められている。AD においては，レセプションを
中心に各施設はおおむね半径200m 以内に集積していることやひとつの経営体
によって運営されていることなどの要件があるが，「オスピタリタ・ディフー
ザ」は集積範囲が半径 1 km 程度と広く，理念の統一とネットワーク連係があ
れば運営主体が別々でも構わない。

　そのコンセプトが推進されれば，分散した建物のみならず，町や村，そして
広範囲に及ぶ地域全体を宿泊」施設と考えることができ，新たな観光の可能性
生み出す。AD のコンセプトは地域や文化に合わせてどんどん進化していくこ
とが期待できそうだ。

3.2.　日本における分散型ホテル

　日本で分散型ホテルが拡がりをみせる背景には，様々な要因が重なり合って
いる。その中には空き家や古民家を地域資源として，地域活性化につなげる動

きや，旅行形態の多様化，ホテルに対するニーズの変化，またホテル業態が他のホテルとの差別化などがあげられる。この流れに拍車をかけたのが2018年6月の旅館業法改正である。「旅館・ホテル営業」において，施設あたりの最低室数制限が撤廃され，フロント（帳場）の設置の義務付けがなくなった。簡易宿所営業においても，異なる場所に立地する複数の客室を一つの玄関帳場で管理，運営するサテライト民泊が可能となった。

　観光庁は，観光施設を再生し，地域全体で魅力と収益力を高めるため，令和2年度第3次補正予算で新たな補助制度である，「既存観光拠点の再生・高付加価値化推進事業」を創設した。その中には，宿泊事業者を核とした連携・協業等の促進として，宿の事業承継や統合，複数宿が一つのホテルとして運営する取組や，飲食施設の共有といった複数の宿等が連携した取組，他の事業者と連携した新たなビジネス創出を支援することが含まれており，小規模宿泊事業者の協業（分散型ホテル）について明言している。

　ここでは，3つの特徴ある分散型ホテルを紹介する。それぞれが生まれた地域性にも注目してもらいたい。

① 矢掛屋 INN&SUITES

　2018年，アジアにおいて初めて，イタリア・アルベルゴ・ディフーゾ協会（以下，ADI）より「アルベルゴ・ディフーゾ（以下，AD）」として認定を受けたホテルが，岡山県小田郡矢掛町にある。それは「矢掛屋 INN&SUITES（以下，矢掛屋 I&S)」である。

(1-1) 矢掛町について

　岡山県の南西部の小田川沿いに位置する自然豊かな田園風景が広がる地域に矢掛町はある。岡山県総社駅から旧山陽道に沿って広島県神辺駅まで結ぶ全長41.7km の第三セクター井原鉄道井原線の矢掛駅が玄関口だ。

　矢掛町は古くから人が行き交う街道があり，休憩，宿泊の地として知られてきた。奈良時代から平安時代初・中期に造られた古代山陽道に伴う駅家の遺跡が発掘されている。平安時代の治歴4（1068）年，後三条天皇の大嘗祭の為の

写真 4-16　旧矢掛本陣石井家

　新米を備中が奉ることになり，その折抜穂使として現地に派遣された，藤原経衡が小田川土手に立ち，「夏くれば屋影の淵の涼しさに行き交ふ人は過ぎがてにする」と歌った。これが矢掛の名が記録された初めてのものといわれている。また応安 4（1371）年九州探題となった今川貞世が紀行文「道ゆきふり」で「もののふの 猛き名なれば梓弓 やかげに誰か なびかさるべき」と歌っている。

　江戸時代には西国街道（近世山陽道）の宿場町として発展し産業，交通，文化の中心地となった。明治になってからは，農作物への影響を懸念したことから，鉄道や幹線道路の開通に反対したことによって，まちの中心が移ってしまった。そのため矢掛町は当時の宿場町の面影を今も残している。800m の街道の中心には，幕府直轄の天領として参勤交代で往来する諸大名が宿泊した，旧矢掛本陣石井家住宅と旧矢掛脇本陣高草家住宅があり，全国で唯一，双方とも国指定重要文化財に指定されている。嘉永 6 年（1853年 9 月17日）には，将軍家にお輿入れするために薩摩から江戸に向かった篤姫も本陣で一夜を過ごされた。

　また，幕末から明治にかけて建てられた，妻入り・平入り造りの町屋が立ち並び，白壁・鬼瓦・虫籠窓・なまこ壁などが今も見られる。間口が狭く，奥行きのある「うなぎの寝床」の町家が整然と並んでいる。江戸時代の地割がほぼそのまま大きく変わることなく今日に至っている。

　矢掛町は宿場町としての風情を活かした祭り，「大名行列」が有名である。1976年から続くこの祭りでは，歴史的背景は守りつつ，行列に華やかさを出す

ために奥方・姫君を参加させるなど工夫をこらした演出を加え，総勢80名が練り歩く。

(1-2) 矢掛町のまちづくり

　矢掛町では長年，町と地域住民によるまちづくりが進められてきた。町民が中心となって結成した，NPO法人「備中矢掛宿の街並みをよくする会」がそのひとつである。「江戸の風情の残る町並みは矢掛町に大切だ」と，町並み景観整備と保存，古民家整備及び空き家有効活用，美化活動，また子どもたちの郷土愛を育む活動及び観光の振興を図る事業を行っている。さらには無電柱化と重要伝統的建造物群保存地区の選定に向けて尽力してきた。1992年からの地道な活動が実り，2010年には中国地方の歴史ある街道を認定する『夢街道ルネサンス』[8]に認定された。2013年には，当会が「住まいのまちなみコンクール」国土交通大臣賞を受賞した。

　また2014年2月には，古民家再生事業の一環として，築80年を超える旧谷山邸を再生した観光交流施設である，「やかげ町家交流館」がオープンした。「矢掛町ブランド」の商品をはじめ，特産品販売や観光情報コーナーの他に，パンフルート，二胡のコンサートや朗読，落語などのイベントが開催されるサロンやカフェがあり，来訪者と地元住民のコミュニティスペースになっている。

　今，街道は昔ながらの店と，古民家や蔵，また木材加工所を再生したおしゃれなカフェや雑貨店，またお土産物屋が混在した新たな魅力を醸し出している。週末には幅広い世代の来訪者がまちあるきを楽しんでいる。2021年1月には「江戸の宿場町，矢掛で現代アートに出会う」をテーマに「ワーケーションリゾート・備中矢掛」のイベントを開催した。町のシンボルである矢掛本陣をはじめ，旧山陽道の各所に現代アート作品を展示し，「宿場町現代アート回廊」を創出することで，新しい視点での集客や歩く観光に乗り出している。2021年3月には道の駅「山陽道やかげ宿」も誕生し，ますます賑わいをみせている。

(1-3) 分散型ホテルの誕生

　矢掛屋 I&S は，矢掛町にできた初めての宿泊施設である。2013年，矢掛町

は，古民家を利活用した宿泊施設の開発を地域密着型ホテル運営会社である，株式会社シャンテに依頼した。江戸時代の歴史ある財産の継承と矢掛町の文化産業として，2つの建物を「本館」と「温浴別館」として再生し，2015年3月にオープンした。

「本館」には，お食事処とフロントのある建物の奥の中庭に，蔵を改造した貸切りスペースである THE KURA があり，さらにその奥には宴会場，ギャラリー，そして6室の部屋がある。「温浴別館」は平入りの建物で，9室ある。大浴場があり，他の館に宿泊している客も利用することができる。イタリアンレストランも併設していて，地域住民も訪れる。フロント機能は時間限定となっている。

2017年には，宴会場と一組限定の宿泊施設を兼ね備えた「備中屋長衛門」，2018年にはビジネス客や一人客をターゲットにした宿，「蔵 INN KURABI」，その後グループや家族客のシンプルスティ向けの「蔵 INN 家紋」も加わり，5か所に分散したホテルが形成されている。さらに同年，100年引き継がれてきた木材加工所を改装して，「矢掛豊穣 あかつきの蔵」を観光交流拠点としてオープンさせた。ここはチェックイン・カウンターや宿泊客の朝食会場としても利用されている。

矢掛町は，2018年 AD から世界初の「アルベルゴ・ディフーゾ・タウン」としても認定されており，分散型ホテルを一つの軸として，さらなる地域アイ

写真 4-17　矢掛屋本館

デンティティを構築している。矢掛屋の安達精治社長は，「歴史的価値のある古民家を再生し，矢掛町を魅力的な観光地とする宿泊施設を開発したい」と考えてこの形を着想した。「独り勝ちするのではなく，地域と連携して全体の活性化を図るしくみづくりが重要だ」と語る。同社は矢掛町を基点に岡山県内に事業を拡大している。矢掛屋 I&S とダッターラ氏との接点を作ったのが，岡山県を基点とする両備グループのリョービツアーズ トゥッタ・イタリアカンパニーである。このイタリア旅行専門店ではいち早く AD を利用したツアーを日本に紹介し，反響を得た。ダッターラ氏とも情報交換と親交を重ねるなか，矢掛町はイタリア・アルベルゴ・ディフーゾ協会から認定を受けた。現在，両備グループは，AD の普及促進による地域活性化と地方創生を目指した持続的な取り組みをミッションとして，ADI の日本事務局を受託している。ダッターラ氏と安達氏はともに，「日本の宿場町に AD の原点がある」と述べている。

② HOTEL　講　大津百町

　宿場町と商店街というコンテンツを活かした，現代町家のブランドの分散型ホテルがある。それが滋賀県大津市にある「HOTEL　講　大津百町」だ。

(2-1) 大津と大津百町

　豊臣秀吉は天正14（1586）年頃に大津城を築き，水運を整備して，大津を東国・北国の諸物資の大集散地として発展させた。江戸時代には大津の町は天領となり，代官所が置かれ，東海道五十三次の宿場町，湖上水運の陸揚げ港町，三井寺山詣の門田町として大いに栄えた。しかし江戸時代中期までには，海洋廻船の発達により湖上水運が後退した。さらには明治時代以降，鉄道の開通などで琵琶湖の水運は衰退し，その後は観光の拠点となってきた。

　JR 大津駅から琵琶湖に向かって東西に拡がる，旧東海道沿いのエリアを大津百町という。元禄年間（1688～1704年）には東海道五十三宿の中でも屈指の町としてにぎわい，町割が100町以上あったことから，大津百町と呼ばれた。江戸時代末期から昭和戦前までに建てられた，京町家の影響を受けた大津町

家⁽⁹⁾や寺社などの歴史的な文化資源が各所に残っており，登録有形文化財に
登録されている建物も数多く存在する。札の辻で直角に曲がった東海道は「京
町通り」と呼ばれ問屋が並び，一筋浜側の「中町通り」は日常品小売店として
の商店街，もう一つ浜側の「浜通り」には物資を一時貯蔵する蔵屋敷が並んで
いた。

　経済の繁栄に支えられ，華やかな伝統文化も花開いた。江戸時代の商業都市
としての経済力を背景に発達した大津祭は，天孫神社の例祭に曳き出される曳
山行事で，現在まで続く湖国滋賀の三大祭の一つである。曳山すべてにからく
りが載っていることと，大きな御所車の山林形式が特色となっている。町民文
化を代表するものとして，国の重要無形民俗文化財に指定されている。

　宿場町としての特産物の一つに走り井餅がある。明和元（1704）年，十代将
軍徳川家治の頃に，走り井の名水と近江の米でつきあげた餅が，旅人の空腹を
補うとともに重要なエネルギー源となった。また民画である大津絵や算盤が名
産品として売られていた。

（2-2）大津百町のまちづくり

　大津の中心市街地は，都市構造や交通体系の変化によって，公共交通機関の
利用者数の減少，地価の下落などが進んできた。広い範囲の商圏を持った大型
小売店舗の郊外への進出といった影響を受けて，商店街では空き店舗が増加し
続けている。このような状況に対して，官民が協働して，地域の活気とにぎわ
いを取り戻す活動を続けてきた。市民団体の活動も活発だ。

　2008年1月，大津商工会議所などの経済団体や地域住民の代表，学識経験者
などが参加する，「大津市中心市街地活性化協議会」が設立された。さらに，
大津市は，同協議会の意見を踏まえて「大津市中心市街地活性化基本計画」を
策定した。その中には大津百町の歴史・文化を生かす暮らしとにぎわい創出に
向けた取り組みが含まれている。2010年には都市計画の専門家や住民，そして
大津市から成る「大津百町の歴史的資源を活かしたまちづくり研究会」を設置
し，旧東海道沿道における歴史的資源の活用方策がまとめられた。町家の改修
事業と並行して，市は2011年度に地域住民と「旧東海道まちなみ整備検討委員

会」を発足させて，旧東海道の一部区間において，電線地中化路面の修景舗装，照明灯の整備を行ってきた。後述の「HOTEL　講　大津百町」の2棟はこの通りに面している。また曳山行事と祭ちょうちんの似合うまちづくりを目指して，地域住民による独自の「まちなみ協定」が締結され，地区計画の決定による規制誘導を実施した。

(2-3) 宿場町構想

　2017年，大津市は「中心市街地活性化基本計画」に基づき「宿場町構想」を発表した。宿場町大津の復活を目指した空き町家等の利活用，エリアの魅力発信，そして宿場町大津の魅力を伝える人材育成を図ることを目的とする。その「宿場町構想」の目指す形は，まさに「アルベルゴ・ディフーゾ型の宿場町」である。 実行委員会が組織され，「リノベーションスクール＠大津」や「大津まちなか大学大津百町おもてなし学部」を開講している。

　「大津市中心市街地活性化協議会」が作成した「大津百町まちあるきMAP」 は，「江戸に帰って大津を歩く」，「大津絵を探す・見る・食べる」，また「大津の歴史と女性たち」などのテーマ別になっていて，来訪者はMAPを見ながら，宿場町としての大津を何度でも歩いてみたくなる。さらに注目できるのが，2010年に完成した，大津町家探訪地図「大津百町まち遺産マップ」である。現在5版を数えている。版を重ねるごとに，国登録有形文化財として掲載される町家も増えている。

写真 4-18　電線地中化路面の修景舗装された旧東海道

（2-4）商店街 HOTEL　講　大津百町

　このような気運の中，2018年 8 月に「商店街 HOTEL　講　大津百町（以下，「講」）が開業した。コンセプトは「昔から息づく文化や風土，人々の営みを観光資源化して地域を活性化するモデルを作ること」で，大津百町の商店街アーケード内外に点在する，築100年以上の空き家 7 軒を改装した分散型ホテルである。リノベーションした町家をホテルにして，それを「メディア（＝媒体）」と考える。そしてホテルを訪れる人々が，その地域を行き交う人々，アイデア，クリエイティビティ，モノ，食，サービスなどの「コンテンツ」を体験し，その体験を発信・拡散するという，新たなインタラクティブ・メディアの枠組みを担うホテルとして「メディア型ホテル」と名乗る。

　事業十一中は地元の「十の京市門店　谷口工務店」である。「大津で中物の木造建築を手がけたい」と考えていた谷口社長に，宿のディレクター・オペレーターとしての実績をもつ株式会社自遊人代表取締役 岩佐十良氏が，古民家をリノベーションして商店街ホテルを作ることを提案した。両者のメリットを生かす形で 2 社の民間事業者による「商店街活性化プロジェクト」がスタートした。サブリースという形で自遊人が運営している。

　7 棟のメイン棟にあたるのは，旧東海道に面した江戸末期の呉服屋の邸宅，「近江屋」である。 1 階にレセプションと宿泊者専用ラウンジ，そして木の香り溢れる朝食のカウンターがある。大津の食材にこだわる朝食は予約制だ。商店街の川魚専門店に調味料を納入して特別につくってもらったうなぎを使った「うなぎ茶漬け」がメインディッシュで，老舗のお茶屋さんの近江茶，近江米，比叡ゆば，赤こんにゃく，長等漬，エビ豆などを楽しむことができる。その近江屋から一軒離れた「茶屋」は，元茶商の家で，江戸末期の建物である。井戸や土間を活かしながら，客室 5 室と宿泊者専用ラウンジを設計した。それら以外の 5 棟は，町家をリノベーションした 1 棟貸しで，そのうち 3 棟は商店街のアーケードの中にあり，周囲に溶け込んだデザインになっている。合計 7 棟13室からなっている。町家という空間に滞在しながらもホテル同等のサービスを提供している。

　講とは，仏典を講義する法会や，仏，菩薩，祖師などの徳を讃嘆する法会，

写真4-19　商店街HOTEL　講　大津百町　近江屋

また神仏を祭り，参詣する同行者で組織する団体，あるいは金融組合としての相互扶助組織のことである。「講」という名には新しい仕組みを「作る」こと，そして「伝える」ことこのホテルの思いがある。

(2-5)「講」の特徴

1）「ステイファンディング」の導入

　その「講」としての日本初の試みが，「ステイファンディング」と名付けた仕組みの導入である。宿泊料金から150円を商店街などに寄付する。民間企業が，宿泊料金に目的税にあたるものを疑似的に組み込むことで，各地の入湯税とほぼ同じ金額で疑似財源化を図る。それらは商店街連盟や町おこし団体に全額寄付される。これは，岩佐氏が新潟で参加しているDMOで課題となっている，自主財源問題を解決するために有効なアイデアで，試験的に大津で導入された。

2）町家と北欧文化のフュージョン：現代の町家を目指して

　「講」のコンセプトは，「昔ながらの町家を体験してもらう」のではなく，「町家というコンパクトな暮らしの良さを体感してもらう」，「木造建築の良さを体感してもらう」ことである。歴史をつなぎ，さらに今後100年使い続けられるようにするため，快適性を補強するために，壁や床をすべて剥がして骨組みだけにした後に，断熱，防音工事をほどこしている。窓もすべてペアガラス化し，昔からあった土壁のように見える場所も，もう一度塗りなおしている。

写真 4-20　商店街 HOTEL　講　大津百町　茶屋の一室

事業オーナーは,「古民家や町家をリノベーションする際に一番重要なことは,快適性と長期的な視点を持つことだ」と述べる。

このホテルのオリジナリティは,和の空間と北欧デンマークの名作家具と照明,そしてロゴバキリムとのみごとなフュージョンである。7棟すべて間取りやデザインが異なるため,何度訪れても,前回と異なる空間を体験することができる。2018年にはグッドデザイン賞を受賞している。

3）地域とのコラボレーション

　「講」では,「商店街を観光資源化することにより,生活圏外の人々の消費を取り込む」ことをコンセプトに新しい仕組みを「作る」ことで,短期の数量的活性化よりも長期間にわたる知的生産の循環による活性化を図ろうとしている。商店街に「観光」という新たな視点を取り入れ,現代の宿場町として街を蘇らせることで,住む人々の価値観が変わり,かつての賑わいを取り戻すことを目標に運営している。さらにはこのプロジェクトが,若い世代がこのエリアで創業するきっかけになることに期待をかけている。

　自遊人が作成しているグルメガイドブックには,独自によりすぐった商店街の中のお店情報を,魅力的なアングルの写真とともに掲載している。店主やその家族が登場しているページもあり,本を手にしながらお店を訪ねると,なぜか親近感がわく。

③ NIPPONIA　美濃商家町

　日本三大清流である長良川や板取川が流れ，山々に囲まれた自然豊かな岐阜県美濃市は，和紙産業のまちとして栄えてきた。ここで作られる美濃和紙は，福井県の越前和紙，高知県の土佐和紙と並び「日本三大和紙」の一つに数えられている。1969年に国の重要無形文化財，1985年に国の伝統工芸品の指定を受け，2014年には「本美濃紙」の手すき技術がユネスコ世界無形文化遺産に登録された。

　国の伝統的建造物群保存地区に選定されている「うだつの上がる町並み」は，江戸から明治時代にかけて造られた商家が軒を連ねていて，国の重要文化財に指定されている住宅などは往時の繁栄を今に残している。

　NIPPONIA 美濃商家町は，明治後期から大正初期に建築された，和紙原料問屋を営んでいた松久才次郎家の蔵と客人をもてなすための別邸を改修したものである。「うだつの上がる町並み」にあるこの古民家は，2016年に市に寄贈されたが，その後，有効活用のため改修から運営までを民間に委ねた。地元企業と日本各地で古民家再生事業を手がける株式会社 NOTE が共同設立した「みのまちや」が宿泊施設として運営することになった。2019年にオープンしたこの施設は敷地面積が約2495平方メートルあり，客室は，数奇家風の母屋に３室と一棟貸しの蔵が３室の全６室である。徒歩圏内にある，紙問屋の邸宅を改修した「YAMASITI棟」と分散型になっている。

　この施設の魅力はなんといっても贅を尽くしてつくりあげた主屋と中庭，そして無双窓など，地域の風土に合わせてデザインされた住まいの工夫の数々で

写真 4-21　美濃市　うだつの上がる町並み

ある。そしてそれらをデコレーションしているのが美濃和紙を用いた千鳥張り
の障子や壁紙である。銅や炭などを紙と一緒に長良川の流れに任せて漉くこと
で，印象的な和紙の模様が浮かび上がっている。

　このホテルでは夕食を提供せず，まちで楽しんでもらうようにしている。ま
た徒歩圏内に，築約150年の「相生町永谷」と呼ばれた長屋をリノベーション
した，シェアハウス「WASITA MINO」があり，ワーケーションとしての環
境も整っている。国の伝統的建造物群保存地区に選定されたうだつの町並みは
無電柱化されていて，歩いていると江戸時代にタイムスリップした気分になる。
まちの規模も含めて，分散型ホテルとまちが一体となっている。

　コロナ禍で人々の生活や行動が変化し，観光においても，地元の魅力を発見
し，活かすツーリズムがますます注目されるようになった。そのような中で，
日本における分散型ホテルも多様化している。たとえば，JR 東日本とベン
チャーとの協業である，青梅線「沿線まるごとホテル」はその一つである。沿
線の無人駅舎はフロント，改装した空き家をホテル（「NIPPONIA 小管　源流
の林」）として活用し，沿線の食材を楽しみ，集落を歩くことができる。また
奥多摩の環境に配慮した EV バイクや電動アシスト自転車の利用で観光者の行
動エリアを広げる取り組みも始まっている。ホテル運営や接客は地元住民とと
もに行うことで，その沿線地域を「まるごと」ホテルとして楽しむしくみに
なっている。

　分散型ホテルは，地域の生活圏に宿泊客を巻き込むしかけで，地域の価値を
継承する新たなコモンズを創り出すことに一役買っている。

写真 4-22　NIPPONIA 美濃商家町

４ 「仕事」×「歩く」

4.1.「仕事」と「休暇」のハイブリッド型の仕組み

働き方改革の総合的施策としての「多様な就業形態の普及」，Society5.0の実現に向けた開発の中で，情報通信技術（ICT = Information and Communication Technology）を利用した柔軟な働き方として，在宅勤務，サテライトオフィス勤務，モバイルワーク等のテレワーク」が普及してきた。テレワークとは「tele =離れたところで」と「work =働く」を合わせた造語で，少子高齢化対策，ワーク・ライフ・バランスの改善，地域活性化の推進，人材の確保や生産性の向上など多くの効果が期待されてきた。また2020年東京オリンピック・パラリンピック競技大会開催期間中に都心への通勤者を極力減らすことと，働き方改革を全国的に定着させることを目的に，2017年から「テレワークデイズ」が導入された。

そのような中で発生した新型コロナウイルス感染症により，分散型社会への転換や，ニューノーマルの時代として生活様式の大きな変容が求められるようになった。これらの多様なワークスタイルも加速度的に拡がりを見せている。それは，日常生活や仕事から離れて楽しむ休暇の過ごし方にも変化をもたらしている。企業または個人が，普段の職場から離れ，帰省先や旅行先で通常業務を継続しつつ，並行して休暇取得などを行う滞在型旅行として「ワーケーション（workation）」や「ブレジャー（bleisure）」が注目されている。ワーケーションとは，Work（仕事）＋ Vacation（休暇）を合わせた造語である。休暇先にいながら，テレワークを活用して，インターネット会議に参加したり，自分の業務を遂行するというもので，ワーケーションについては国や自治体も注目しており，2019年には「ワーケーション自治体協議会」が結成され，2023年９月には，会員自治体は216（１道25県190市町村）[10]に及ぶ。

一方，ブレジャー（ブリージャー）とは，Business（ビジネス）と Leisure（レジャー）を組み合わせた造語で，出張等の機会を活用し，出張先等で滞在を延長し，休暇を楽しむ形態をいう。

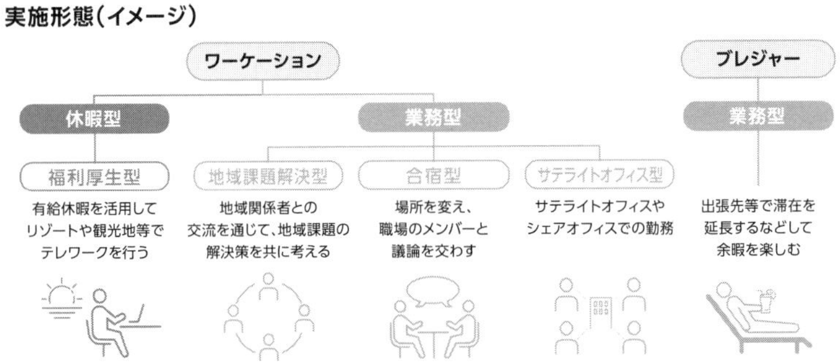

実施形態（イメージ）

図 4-3　ワーケーションとブレジャーの実施形態

出典：観光庁 HP。

　新型コロナウイルス感染症の拡大により，人々の働き方や生活が大きく変化する中，ワーケーションとブレジャーは一気に市民権を得て，普及が加速している。ここではワーケーションを取り入れている企業や地域の事例から，主に地域活性化や関係人口の創出との関係について取り上げる。

4.2. 日本航空株式会社の取り組み

① ワーケーションまでの道筋

　いちはやくワーケーションを導入している日本航空株式会社（以下，日本航空）の事例を紹介する。日本航空の企業理念は，「全社員の物心両面の幸福を追求すること」により，「お客様に最高のサービスを提供する」こと，そして「企業価値を高め，社会の進歩発展に貢献する」ことである。全社員が充実感をもって生き生きと働くため，2011年より経営戦略としてダイバーシティ＆インクルージョンの観点での取り組みを始めた。それ以降，段階を踏みながらワークスタイル改革を実施してきた。2014年にトップコミットメントとして「ダイバーシティ宣言」を発し，2015年に人財本部内にワークスタイル変革推進室を新設し，全社員が活躍できる生産性の高い職場を目指した。2016年に，多様な人財のさらなる活躍促進としてテレワークスタイルを整備し，2017年に，夏期の休暇取得促進の一環としてワーケーションのトライアルをスタートさせ

た。社内でワークスタイル改革を完遂するためには，リーダーの意識と行動が鍵になるとして，役員自らがワーケーションを経験し，イニシアティブをとった。さらに社内誌でワーケーション体験ツアーを紹介し，2018年からは勤怠システムに「ワーケーション勤務」の選択項目が設置された。

　日本航空では，チームによる集中討議の機会とワーケーションを融合した取り組みである，合宿型ワーケーションも取り入れている。例えば福岡のコワーキングスペースで実施されたワーケーションでは，「自律型人財になるために何が必要か」というテーマで合宿を行った。さらには，熊野古道での道普請体験，北海道でのビール醸造体験，愛媛県での農業体験など，アクティビティを取り入れたワーケーションをとおして地域で感性を養い，自己発見につなげている。

　ワーケーションを売りにしたパッケージツアーも販売している。JAL海外ダイナミックパッケージでは，2018年から新しい旅のスタイル「JAL　ワーケーションサポート」を展開している。「＃オンもオフも楽しむハワイ　ワーケーションサポート」の商品では，自分でワーケーションをカスタマイズできるいくつかのプランや，ハワイのコワーキングスペースの情報などを提供している。2019年には和歌山県主催のワーケーションイベントをジャルパックのツアーと組み合わせて「JALで行く　親子で夏休み！　行こうよ和歌山」モニターツアーとして販売した。

② ワーケーションの導入

　これまでに日本航空が行ってきたワーケーションは表4-2のとおりである。

　これらのワーケーションのスケジュールの中に，地域活動に参加するプログラムが組まれている。たとえば和歌山県では，熊野古道の道普請に参加する。鹿児島県徳之島町での実証事業においては，課題や観光資源についてのニーズを地域へフィードバックすることで，地域におけるワーケーションの持続可能性を図る。さらに地域の方々と関わることで，地域のニーズを考え，地域から求められている公共交通機関としての役割について意識できる機会となっている。また2019年にはブリージャー制度をスタートさせた。ブリージャーとは出

張（Business）と観光（Leisure）を組み合わせた造語で，出張の前後に数日休暇を取り，出張先に家族や友人を呼ぶなどして個人旅行を楽しむことである。

　今後，日本航空が目指すのは，企業として，時間と場所に囚われない柔軟性のある働き方（長期休暇の取得促進やダイバーシティとインクルージョンの推進）を充実させることで，個人としては，異日常の経験を自己の成長につなげ，そしてそれを新たな活力にすること，そして地域活性化にもつながる新たなワークスタイルへとさらに進化することである。2020年11月から地方自治体と連携した「2地域居住をはじめる旅」を販売している。

　平日は都市部で暮らして仕事をし，週末は日常を離れ，地方で豊かな自然に触れ合いながら静かに暮らす生活様式をイメージしている。そこでこの商品では，様々なアクティビティの体験が選べるプログラムが設定されている。現地自治体は，居住についての相談や，施設の案内に応じている。

表 4-2　日本航空のワーケーション実績

2017年12月	和歌山県白浜町で体験ツアーを実施 　遠隔地でのテレワーク体験 　・和歌山県と白浜町との意見交換 　・熊野古道での道普請体験など
2018年2月	和歌山県白浜町で体験ツアーを実施
2018年4月	徳島県神山町での合宿型ワーケーション
2018年7月	・社員向けにワーケーションの説明 ・おすすめのコワーキングスペースを紹介 ・鹿児島県徳之島町，富士ゼロックス株式会社の企画する「徳之島ワーケーション実証事業」への参加 ・和歌山県主催のワーケーションイベントに連動した旅行商品の設定
2018年10月	・宮城県大崎市（鳴子温泉） ・福岡県福岡市にて合宿型ワーケーションの実施 ・別府における実証実験──湯治文化とワーケーションを組み合わせた，健康状態の推移を測定する4泊5日のツアー実施
2019年3月	富山県朝日町での合宿型ワーケーション
2019年5月	ブリージャー制度を実施
2020年11月	「2地域居住をはじめる旅」販売
2022年2月	「ワークスタイル研究会」発足

出典：日本航空株式会社　人財本部資料より筆者作成。

図 4-4　日本航空が推進するワークスタイル研究会

出典：2022年2月21日第211117号　日本航空　プレスリリース。

　2022年2月，日本航空は，他企業や自治体とタイアップして，ワーケーションを軸とした様々な取り組みを通じた，柔軟性のある働き方の推進と制度の定着を目的として，共創型コミュニティ「ワークスタイル研究会」を発足させた。単なる「新たな旅のスタイル」ではなく，ワーケーションを「企業価値向上」・「地域活性化」につなげていく取り組みである。

4.3. 和歌山県白浜町の事例

　和歌山県では，2015年からサテライトオフィスの誘致に取り組み，その後，2017年度から全国でも先駆的にワーケーションの推進を行ってきた。

　中でも白浜町は，ワーケーション事業の推進に当たって人的・物的資源と環境が整っており，整備が進められてきた。太平洋の荒波が生み出す自然の造形美，豊富な温泉，遠浅の白い砂浜と青い海などの豊富な自然資源を持つ。広域には高野山，熊野古道など世界遺産のスポットも数多く存在する。戦後は新婚旅行先，また京阪神の奥座敷として発展した。さらに昭和50年以降，テーマパークの開園に伴い家族向けのレジャー温泉地へと変化した。南紀白浜空港や京阪神を結ぶ高速道路などの交通インフラも整備されている。2013年度，町長

が掲げた「世界に誇れる観光リゾート白浜・オンリーワンの観光地」の実現に
向けて，白浜町活性化協議会において主要施策である4つのテーマ「白良浜と
その周辺の利活用」「旧白浜空港跡地の利活用」「参加・体験型観光の推進」
「高速道路の南伸に伴う活性化」についての答申が取りまとめられた。それを
受けて2015年度には「再生」・「継承」・「創造」の3つの視点で白浜温泉の活性
化を目指すものとして，「白浜温泉街活性化構想推進計画」が策定された。同
年，「ふるさとテレワーク推進のための地域実証事業」に参加し，複数のIT
企業を白浜町に誘致した。

① 和歌山県が考えるワーケーションの可能性

　和歌山県は，一般的なテレワークが社会的課題の解決策としてのツールで
あるのに対して，ワーケーションは非日常での活動を通じてイノベーションが
生まれる機会を創出する，価値創造ツールであると考える。期待する効果とし
ては，①関係人口の創出，②地域でのビジネス創出，③ICT人材の集積，④
地域の魅力発信をあげている。和歌山県は全国第2位のWi-Fiスポット密度
（スポット数/人口）を誇る。白浜町ではビーチでもWi-Fiが利用できる。さ
らに白浜町では，災害時でも途切れないNICT（情報通信研究機構）による
「耐災害ワイヤレスメッシュネットワーク」（通称 Nerve Net）が整備されて
いる。

② 白浜町のワーキングスペース

　白浜町には白浜町役場が運営するオフィススペースが2か所ある。

(2-1) 白浜町第1 IT ビジネスオフィス

　2004年に生命保険会社の保養所を改修してできたのが，「白浜町第1 ITビ
ジネスオフィス」である。南紀白浜空港から車で5分の好立地にある。共用部
分はほとんど手を入れていないが，各企業のオフィス内は自由にリフォームで
きる。写真は1企業のサテライトオフィスで，Kids roomがあり，オフィス一
面の窓から海が一望できる。2016年にNEC ソリューションイノベータ株式会

社5社が進出している。

(2-2) 白浜町第2 IT ビジネスオフィス

　2018年6月，町営の平草原公園内にある公園管理事務所を建て替えた，「白浜町2 IT ビジネスオフィス」が開設された。南紀白浜空港から車で3分の好立地である。海は望めないが，緑と静寂を楽しむことができる。1階はコワーキングルーム102平方メートルで，検索用 PC も1台設置している。町民が集うコミュニティスペースともなっている。2階は4社がサテライトオフィスとして使用している。その中の1社である三菱地所株式会社はワーケーションの受け入れを目的に進出しており，そのオフィス名をワーケーションオフィス「WORK × ation Site（ワーケーション サイト）南紀白浜」としている。

　2020年11月には，企業の保養所であった建物を利活用した「第3 IT サテライトオフィス」が開設された。このリゾートサテライトオフィス「ANCHOR」はレンタルオフィスに加え，ワーケーションができるコワーキングスペース，シアタールーム，ピクニックガーデンを備えており，ON と OFF の循環によって働くモチベーションを高めるスポットになっている。

(2-3) SHIRAHAMA KEY TERRACE HOTEL SEAMORE
　　　（HOTEL SHEAMORE）

　HOTEL SEAMORE は2018年のリニューアル後，地域に開かれたホテルと

写真 4-23　白良浜でのワーケーション
出典：白浜町役場。

写真 4-24　白浜町第1 IT ビジネスオフィス
の一室

写真4-25　白浜町第2 IT ビジネスオフィス　写真4-26　白浜町第2 IT ビジネスオフィス
コワーキングスペース

してワーケーションを推進している。ロビーは宿泊客以外でも使用できるコミュニティスペースになっていて，ビジネスルームも自由に使用できる。ホテルのランドマークになっているインフィニティ足湯では，だれでも海を眺めながら仕事ができる。

　さらにホテルに隣接して，長期滞在型宿泊施設「SEAMORE RESIDENCE」が誕生した。シェアリビング，セルフキッチンやBBQ プレイスなどもある。2019年11月からは顔認証による客室の解除を行っている。

③ ワーケーションを進化させるイノベーション

　2019年1月，日本電気株式会社（以下，NEC）は，白浜町の地元企業とともに，観光客やビジネス客の満足度向上や空港の安全・保安対策の高度化を目的とし，顔認証を活用した「IoT おもてなしサービス実証」を展開している。

　事前にスマートフォンの Web ブラウザまたは和歌山県・南紀白浜空港にある QR コードから，顔情報，メールアドレスやクレジットカード情報などを登録する。そうすると空港到着ロビー正面の Welcome ボードで名前入りのメッセージが表示される。実証参加ホテルや商業施設，オフィスなどに設置されたカメラから顔情報を検出し，商行施設でのショッピングや飲食店利用時の決済などがキャッシュレスで行える。また SEAMORE RESIDENCE ではチェックインとキーレスドア開錠が可能である。海のレジャーや温泉といった手ぶらで

写真4-27　HOTEL SEAMORE　フロントでの顔認証システム

楽しむ場面の多い白浜町では，顔認証システムは回遊性とおもてなしの質の向上を実現し，観光地としての魅力アップにつながるのでは，と期待が寄せられている。

④ WWP（Wakayama Workation Project）

　和歌山県はワーケーションに向けての統合的なインフラ整備を行っている。Wakayama Workation Networks を創設し，ワーケーションで和歌山に訪れる個人，企業向けにサービスを提供する事業者・団体などを募集，登録し，受け入れを一元化している。またワーケーションの全国フォーラムの開催，地域の次世代のリーダーを育成する研修を行い，全国におけるワーケーションの取り組みのイニシアティブをとっている。

　和歌山県が目指す将来のワーケーションの姿は，都会・地域・官・民の垣根を越えて，無限大のテーマで「知」が結合する，Open Innovation Platform を作り上げることである。「ワーケーションの聖地」とも称される白浜町であるが，目指すのは単なる快適なワークプレイスの提供に留まらない。白浜町では進出した企業の人たちの新たなコミュニティが形成されつつあるという。白浜町をフィールドとして新たなビジネスを創出し，展開することに期待が寄せられている。

図 4-5　南紀白浜エリアにおける IoT おもてなし サービス実証の概要

出典：NEC HP news room プレスリリース　2019年10月25日　南紀白浜「IoT おもてなしサービス実証」の顔認証サービス施設が拡大。

4.4. 地域活性化とワーケーション

　社会経済環境の変化や観光スタイルの多様化に伴い，ミレニアル世代を中心にワーケーションは今後も拡がりをみせるだろう。この仕組みを充実したものにするためには，企業がワーケーションを導入する場合の労務管理や規程の整備，従業員の意識啓蒙などが必要である。地域と行政が一体となって，仕組みづくりやモデルプランの作成などに取り組んでいくことも求められる。その意味では，前述のワーケーション自治体協議会の設立は大きな一歩を踏み出すものだといえよう。

　株式会社アドリブワークス（本社：愛媛県今治市）は地方創生事業として，ワーケーションを切り口に，地域に交流人口を生み出す企業研修プログラムの企画・運営や受け入れ支援などを行っている。2019年夏に日本航空とともに，北海道・愛媛・シドニーの３拠点においてワーケーションの実証実験プロジェクトを実施した。このプロジェクトは，働き方改革に留まることなく，「旅先でしか体感できない体験を通して，働き方・休み方も自身でマネジメントし，感性を養い，自己成長に繋げること」を目的に，日本航空グループの社員が各地で，ワーケーションの実施やアクティビティへの参加により地域の求める

ニーズを把握し，地域活性化や関係人口の変化について考えるものである。た
とえば愛媛県今治市では，まだ見ぬ「国産メキシカンライム」の収穫に向けた
農場運営を手伝い，地域の新しい資源を生み出す瞬間に立ち会うことで，農業
の秘めたるポテンシャルや，地域との関わり方を学ぶプログラムが企画された。
また，オーストラリアのシドニーでは，マーケティングエージェンシー，doq
Pty Ltd. がプログラムオーナーとしてプロデュースする，「Over the border！
海外テレワークを活性化するためのアイデアを，働く＆観光の側面から考え
る」ワークショップに参加する。

　観光庁は「新しい旅のスタイル」としてワーケーションとブレジャーを推進
している。また一般社団法人 日本経済団体連合会，公益社団法人 日本観光振
興協会及びワーケーション自治体協議会は，with/post コロナの時代の地域活
性化と働き方改革の促進等を目的に，全国的なワーケーションの推進に向けた
モデル事業に取り組んでいる。

　各地で新たな働き方の受け皿の整備が進んでいる。地方にはそれぞれの強み
を活かしたコワーキングスペースがみられる。サテライトオフィスとして丸ご
と貸し切るリトリートホテル，テレワーク機能が完備された一棟貸しの町家ホ
テル，廃校になった小学校をカフェやショップ，多様な働き方に合わせたワー
キングスペースなど，様々な機能を持ち合わせたコミュニティ複合施設にして

写真 4-28　鳥取県八頭郡　隼 Lab
（廃校を利活用したコワーキングスペース）

いるものもある。ワーケーションの普及・定着には課題はあるものの，新しい
暮らし方，新しい働き方がこれまでになかったコモンズを創出する原動力に
なっていることは確かであろう。

5　地域の魅力と新たなコミュニティの創出

　観光形態がますます多様化する中で，ライフスタイルツーリズムという，旅
と暮らしを融合させた観光のスタイルが登場している。ライフスタイルツーリ
ズムとは，「暮らすように旅すること，つまり旅先での滞在が生活の一部とな
るライフスタイルを意味する」としている（小野 2019：416）。ここで取り上げ
た域学連携，分散型ホテル，そしてワーケーションは，まさにそれぞれがライ
フスタイルツーリズム的な要素をもっているといえよう。地域資源をコモンズ
化することで，新たなコミュニティや地域との関わりを創出している。それら
のコモンズに楽しみや安らぎ，自由な交流など，サードプレイスとしての要素
が加わるとき，人は磁石のように地域に引き寄せられ，地域に溶け込んでゆく。
気がついたら地域が好きになっていた，あるいは地域や地域住民と関わってい
た，ということもある。そのようにコモンズとサードプレイスをミックスさせ
るのに一役買っているのが観光の力である。
　観光振興は，地域における交流人口拡大の手段としての役割を果たしてきた。
これからもそうであろう。同時に，今，地域を元気にするために，様々な角度
から地域に関わる人々が求められている。これからは関係人口，さらに定住人
口を生み出すパイプ役になる観光の在り方が今後問われてくる。
　「歩くこと」に話を戻そう。地域を歩くことは，人や地域資源とのコミュニ
ケーションである。そこに注目したのが，フットパスによる地域づくりなのだ。
本章では，歩くことと地域と関わることの関係について述べてきた。最後に，
フットパス・ウォーキングで大切にしている「道」について考えたい。スノー
が「昔の道はひとつの場所であり，他の場所をつなぐ一片の土地だった」
（Snow 1967：15），と述べたことばを引用したレルフは，「それはゆっくり通ら
なくてはならない道であり，それゆえ通るものをすぐにその景観にひきこむだ

けでなく人と人とを交流させる道だった」と述べている（レルフ 1999：209）。それで「昔の道は基本的に場所の延長であるから，それはその道が通るすべての場所の性質を拾い集める」。レルフはそれとは対照的な道についても言及している。「景観とともに発展するというよりは，景観を切り刻んだり威圧するような道路や鉄道や空港は，どの場所も外見ばかりか雰囲気までおなじようになってしまう」と指摘し，そのような現象を没場所性と表現している。どれも同じようなあたりさわりのない経験しか与えなくなってしまう，というわけだ。

　歩くことは，その地域のオリジナリティ，つまり長い歴史の中で育まれた風土，文化，景観，人々の暮らしを再認識することと深く関係している。そしてそれらを尊びながら，新しい歴史を創り上げていくことにも一躍買っている。暮らし方や働き方が多様化するなか，地域住民，来訪者や地域に関わる人々が顔の見えるつながりを紡ぎ，唯一無二のその地域に愛着をもって歩くことが，地域の魅力を輝かせることのスタートになることを願う。

注
(1)　鳥取市 HP　町別世帯数，年齢（5 歳階級）別人口（令和 5 年11月30日現在）。
(2)　鳥取市 HP　町別世帯数　人口（令和 5 年11月30日現在）。
(3)　平成31年度「関係人口創出・拡大事業」モデル事業「関係人との繋がりから生まれる未来構想プロジェクト（鳥取県鳥取市）」
(4)　令和 2 年度　国土交通省　空き家対策の担い手強化・連携モデル事業【部門 1 人材育成と相談体制の整備部門】団体名 事業地域 事業概要。
(5)　総務省 HP。
(6)　オルデンバーグは，地域社会のなかにあるかもしれない楽しい集いの場，「もう一つのわが家」として，インフォーマルな公共の集いの場を，第一の家，第二の職場に続く「第三の場所（サードプレイス）」として論じている（Oldenburg 1989）。
(7)　La Pinana dei Mulini は，2011年に Touring Club Italiano のイタリア式客室部門で金賞を受賞し，2016年には"La Reppubblica"誌により，イタリア国内の結婚式を催すにふさわしい土地ベスト20に選ばれている。
(8)　国土交通省中国地方整備局が，歴史や文化を今に伝える中国地方の街道を「夢街道ルネサンス認定地区」として認定している。中国地方の豊かな歴史・文化・自然を生かし，地域が主体となって個性ある地域づくりや連携・交流を進め，地

域の活性化を図り，目的地に向かって移動するだけでない「楽しみながら巡る」新しい「街道文化」の創出を目指す。

(9)　大津町家：大津百町には，江戸時代の町割りが色濃く残っているが，昭和初期に軒下地をなくして，通りの側溝を民地側に移動させる大工事が行われたことにより，通りに面していた大津町家は建物の表部分を撤去する「軒切り」の憂き目にあった。大津町家の特色は，井戸やはしり（流し），水屋（食器棚）が続く土間の奥に，庭側に床の間がしつらえてある大広間があることで，そこで様々な客人をもてなした，旦那衆の交流の場であった（参考：広辞苑第7版）。

(10)　2023年4月現在。

参考・引用文献

小田切徳美（2007）「山村再生の課題」『アカデミア』公益財団法人全国市町村研修財団市町村職員中央研修所，Vol.183：10。

小野真由美（2019）「ライフスタイルツーリズム」白坂蕃・稲垣勉・小沢健市・古賀学・山下晋司編『観光の事典』朝倉書店.

公益財団法人日本交通公社（2019）『観光文化　多様化するビジネストラベル』第242号（2019年7月10日）。

小林清（2020）「耕作放棄地を果樹の里山に――果物いっぱいの集落はワクワクする！」『季刊　地域　特集　木を植えて未来を思い描く』2020年春号，No.41，農山漁村文化協会：36-39。

司馬遼太郎（1990）『因幡・伯耆のみち，橿原街道　街道をゆく27』朝日新聞社。

城月雅大編（2018）『まちづくり心理学』名古屋外国語大学出版会。

田中輝美（2017）『関係人口をつくる――定住でも交流でもないローカルイノベーション』木楽舎。

日本航空株式会社　人財本部・人財戦略部　ワークスタイル変革推進グループ　資料（2019年7月12日）。

米澤泉（2014）『「女子」の誕生』勁草書房。

和歌山県　企画部企画政策局　情報政策課　ICT利活用推進班　資料（2020年1月31日）。

「二地域居住，ワーケーション促す」『トラベルニュース』2020年12月10日：6。

「宿泊以外も楽しみ満載　ライフスタイルホテル」『AGORA』2019年7月号：33-36。

「古民家再訪5　高倉のある宿　伝泊」『AGORA』2019年10月号2019年：68-71。

「特集　分散型ホテル　ホテル業態としての成立要件」『月刊レジャー産業資料』2019年3月号。

「特集　農泊と分散型ホテル　オスピタリタ・ディフーザの可能性」『TRAVEL JOURNAL』2022年8月8日号：8-13。

「特集 活気づく分散型ホテル 観光庁予算化で後押しなるか」『TRAVEL
　　JOURNAL』2021年3月29日：10-15。

「特集 第2の地元のつくり方」『Discover Japan』2022年3月号：42-47。

「PR TIMES 新時代の「働き方」に向き合う夏。JAL × WORKATORS，国内外の
　　3拠点でワーケーションの実証実験をスタート！」

　　https://prtimes.jp/main/html/rd/p/000000006.000041890.html（2020年4月3日
　　閲覧）

「沿線まるごと HOTEL PROJECT」

　　https://marugotohotel-omeline.com/ （2021年4月28日閲覧）

観光庁「令和2年度 観光庁関係 第3次補正予算」（令和2年12月）

　　https://www.mlit.go.jp/common/001378024.pdf（2021年4月16日閲覧）

政府広報オンライン「働き方改革を知ろう！」

　　https://www.gov-online.go.jp/cam/hatarakikata/about/（2020年3月18日閲覧）

総務省ホームページ「テレワークの推進」

　　https://www.soumu.go.jp/main_sosiki/joho_tsusin/telework/（2020年4月1日
　　閲覧）

「てぶら革命！──その手で探り，つながり，生み出す，生活と場所の革命──ライ
　　プツィヒ？ 鳥取編」

　　https://docs.google.com/document/d/1PHvGXEY_t-WUC9J-S6rlR3qYEsiC1xTa
　　5mSaEkTdpXc/edit（2020年4月4日閲覧）

鳥取市ホームページ「鹿野町の沿革」

　　https://www.city.tottori.lg.jp/www/contents/1097999533765/index.html（2020年
　　4月7日閲覧）

日本航空株式会社 社外報「明日の翼2018. summer」

　　https://www.jal.com/ja/csr/pdf/2018summer_p14-15.pdf（2020年3月18日閲覧）

日本の家 ホームページ

　　https://djh-leipzig.de/ja/tebura（2021年4月16日閲覧）

Hess, Charlotte (2008) "Mapping New Commons," Presented at The Twelfth
　　Biennial Conference of the International Association for the Study of the
　　Commons, Cheltenham, UK, 14-18 July.

Altman, Irwin & Low, Setha M. (1992) *Place Attachment* (Human Behavior and
　　Environment 12), Springer.

Oldenburg., R. (1989) *The Great Good Place Cafés, Coffee Shops, Bookstores, Bars,
　　Hair Salons and Other Hangouts at the Heart of a Community*, Da Capo Press.
　　（忠平美幸訳（2013）『サードプレイス──コミュニティの核となる「とびきり居

心地よい場所』』みすず書房）

Relph, Edward（1999）*Place and Placelessness,* Pion Limited.（エドワード・レルフ，
　　高野岳彦・阿部隆・石山美也子訳（1999）『場所の現象学──没場所性を越えて』
　　筑摩書房）

Snow, Todd（1967）"The New Road in the United States," *Land Scape,* 17, 13-16.

おわりに

　観光地域づくりにおいて重視されてきたのは，点から線へ，さらに線から面へという展開であった。点と点を結んで線とし，さらにそれを広げて，面として全体を活性化する。従来の観光が点を目的地としたのに対して，目的地から近辺を歩く，あるいは比較的近隣の点を結んで線とし，さらにその点を複数に広げて面として，全体を活性化するというものである。

　フットパスによる観光地域づくりにおいては，点から始めるのではなく，むしろ線から始め，その動態性に応じた視点の広がりから体験する観光としての特質がある。必ずしも一「点」のきわだった目的地がなくとも，パスすなわち「線」を歩く経験を通して，処々の地域の魅力を歩行者自身が発見・再発見し，そうして広がった線のつながりに，面が展開していく。そして，面からさらに，立体的展開がある。

　フットパス・ウォーキングにおいては，自然はもちろんのこと，個々の伝統的建造物や遺跡などを一連の線的展開，すなわち動態的景観として体験する。さらに，折々の場での複数の地元のガイドの語りやもてなし，地産による伝統食の会食，縁側カフェでのくつろぎと語らいなど，線の展開に加えて，立体的な展開へとひろがってゆく。交流は，フットパスの地元の人々と，（1時間圏内とされる）マイクロ・ツーリズムとして参加する地元の人々との交わりから，都府県をまたぎ，全国各地から参加する人々との交流まで広範囲にわたるが，すべて歩く過程に交差してゆく。

　この線と点の広がりは，新たな「コモンズ」への生成へという視点を与えてくれる。公有地，私有地を問わず，歩くこと，場所を体験すること，そのことの繰り返しによって共有される，コモンズが生成してゆくのである。

　序で触れているが，「インクレディブル・エディブル」の試みにおいては，（種類や規模に限度はあるが，）ハーブや野菜などが自由に植えられ，だれでも採ることができる。この試みは，フットパス（ウォーカーズ・アー・ウェルカ

ム）のメッカ，ヘブデン・ブリッジ近隣のトット・モーデンから始まり，世界に広がりつつある。耕作放棄地や公共の場，病院や学校の空いている空間，果ては警察署の敷地にまで，自由にハーブや野菜を植えたり，鉢やプランターを置いたりして育て，だれもが自由にそれをとって食することができるという「コモン」な場とされている。

　小径を整備し，歩く，あるいは自由に食物を植えて食べる。こうした行為によって経験される空間が，新たに身近なコモンズとして生成する時代を迎えている。観光がコモンズ生成という過程を経由して，地域の再生につながる。特段の観光資源はなくともよい。もてなし，さらに，ともにつくるという過程があれば，どこでも取り組める地域づくりである。なにより，地域のみならず内外に開かれていることが鍵である。「開かれて生成する空間」がフットパスなのである。

（なお，本書の基となった研究は主として，日本学術振興会科学研究費助成に拠っている。）

　　　筑波山麓にて

　　　　　　　　　　　　　　　　　　　　　　　　　　前川啓治

216

人名索引

事項索引

英国フットパス関連法規

〈執筆者紹介〉（執筆順，執筆担当）

前川啓治（まえがわ・けいじ）　序章・おわりに
　　奥付，編著者紹介参照。

廣川祐司（ひろかわ・ゆうじ）　第1章
　　京都大学大学院人間・環境学研究科博士後期課程修了。博士（人間・環境学）（京都
　　大学，2012年）。
　　現在　北九州市立大学地域創生学群（基盤教育センター所属）准教授
　　〔著書・論文〕
　　『コモンズと公共空間』（共編著）昭和堂，2013年。
　　『エコロジーとコモンズ──環境ガバナンスと地域自立の思想』（共著）晃洋書房，
　　2014年。
　　『現代総有論序説』（共著）ブックエンド，2014年。
　　「『法』を『学習』する地域住民によるコモンズの制度設計」『法社会学』2011年，第
　　75号。（日本法社会学会機関誌最優秀論文賞受賞論文）
　　「『地域振興のためのフットパス観光』に取り組む地方公立大学の挑戦」『観光文化』
　　2021年，45(3)。

塩路有子（しおじ・ゆうこ）　第2章
　　総合研究大学院大学文化科学研究科比較文化学専攻博士課程修了。
　　博士（文学）（総合研究大学院大学，2000年）
　　現在　阪南大学国際観光学部（2024年4月より国際学部）教授。
　　〔著書・論文〕
　　『英国カントリーサイドの民族誌──イングリッシュネスの創造と文化遺産』明石書
　　店，2003年。
　　『ヨーロッパ人類学の視座──ソシアルなるものを問い直す』（共著）世界思想社，
　　2014年。
　　『文明史のなかの文化遺産』（共著）臨川書店，2017年。
　　「英国におけるパブリック・フットパスと地域振興── Walkers are Welcome タウン
　　の活動」『阪南論集社会科学編』2016年，51(3)。
　　「『歩くこと』による日本のまちづくり──英国式とドイツ式から発展した新しい実践
　　の可能性」『阪南論集社会科学編』2023年，59(1)。

鈴木龍也（すずき・たつや）　第3章

　大阪市立大学大学院法学研究科後期博士課程単位取得退学。法学修士（早稲田大学，
　　1983年）。
　現在　龍谷大学法学部教授
　〔著書・論文〕
　『コモンズ論再考』（共編著）晃洋書房，2006年。
　「自然観賞型遊歩道の管理責任に関する一考察──2つの落枝事故訴訟の検討を通し
　　て」牛尾洋也・ほか2名編『森里川湖のくらしと環境──琵琶湖水域圏から観る里
　　山学の展望』晃洋書房，2020年。
　「今後の入会林野管理に求められるもの──近年の紛争例，英国の立法を参考に」『入
　　会林野研究』40号，2020年。

久保由加里（くぼ・ゆかり）　第4章

　大阪市立大学（現 大阪公立大学）大学院創造都市研究科修士課程修了。修士（都市
　政策）。
　現在　大阪国際大学国際教養学部教授。
　〔著書・論文〕
　『国際学入門』（共著）法律文化社，2015年。
　『創造社会の都市と農村 SDG への文化政策』（共著）水曜社，2019年。
　「英国におけるパブリック・フットパスの保全にみる共生するツーリズム──コッツ
　　ウォルズ地方の事例から」『異文化コミュニケーション研究』2016年，9号。
　「日常と異日常の融合を目指した観光産業戦略──スイスアッペンツェル地方の事例
　　から」『異文化コミュニケーション研究』2018年，10号。

〈編著者紹介〉

前川啓治（まえがわ・けいじ）

　大阪大学大学院人間科学研究科博士後期課程単位取得退学。博士（文学）（筑波大学，
　1994年）。
　現在　筑波大学名誉教授。
〔著書〕
『開発の人類学』新曜社，2000年。
『グローカリゼーションの人類学』新曜社，2004年。
『21世紀の文化人類学』（共著）新曜社，2018年。

フットパスでひらく観光の新たな展開
──あるく・まじわる・地域を創造する──

2024年3月10日　初版第1刷発行　　　　　　　　　　〈検印省略〉

定価はカバーに
表示しています

編　著　者　　前　川　啓　治
発　行　者　　杉　田　啓　三
印　刷　者　　藤　森　英　夫

発行所　株式会社　ミネルヴァ書房

607-8494　京都市山科区日ノ岡堤谷町1
電話代表　（075）581-5191
振替口座　01020-0-8076

©前川啓治ほか，2024　　　　　亜細亜印刷・吉田三誠堂製本

ISBN978-4-623-09640-4

Printed in Japan

文化遺産（ヘリテージ）といかに向き合うのか
──「対話的モデル」から考える持続可能な未来

── ロドニー・ハリソン著　木村至聖・田中英資・平井健文・森嶋俊行・山本理佳訳
Ａ５判　368頁　本体4500円

●「増え続ける文化遺産に私達はどう向き合えばよいのか」。「過去のための文化遺産か，未来のための文化遺産か」。「そもそも文化遺産とは何なのか」。文化遺産の〈持続可能な〉未来を考える鍵＝「対話的モデル」を本邦で初めて本格的に紹介。世界各地の事例をもとに思想と実践を有機的に結びつけた必読書。

「無理しない」観光──価値と多様性の再発見

── 福井一喜著　四六判　380頁　本体2800円

●これから私たちは，どんな観光をめざせばよいのだろうか。無理な町おこしやオーバーツーリズム，いきすぎた観光投資……。観光の問題は，現代社会そのものの矛盾と結びついている。本書は社会を広くとらえる視点から，「無理しない」をテーマに，地域を守る新しい観光のあり方を提言する。

ケースで読み解くデジタル変革時代のツーリズム

── 島川　崇・神田達哉・青木昌城・永井恵一著　四六判　312頁　本体2500円

●国策による観光産業への注目が高まる一方，デジタル変革による新たなる市場創造・価値創出が求められる現代の観光業界。本書は，デジタル変革の影響のもと，長期的視点で観光業界を見通した上で必要な対策を検討する。取材活動等で得た様々な先進的取組みや実験的試みの事例を用いながら，学問的に体系立てられていない領域の知見を新たに発信する試み。

京都から考える　都市文化政策とまちづくり──伝統と革新の共存

── 山田浩之・赤崎盛久編著　Ａ５判　288頁　本体3800円

●京都のまちづくりの特徴は，文化の継承・発展を追及し効率性を重視しない点である。本書では，近代化・文化保存という二項対立が生じながらも，この「二兎」を追う政策を推進した結果，近代都市と歴史都市という２つの顔を持つ文化的多様性豊かな都市となった京都の取り組みを，文化の継承・景観・地域住民の取り組み・産業振興という４点を軸に分析。持続可能性の観点から見て，住民の主体的な活動を自然な形で促す重要性を提言した一冊。

ミネルヴァ書房

https://www.minervashobo.co.jp/